GUIDES MARMOUSET

Pyrénées-Orientales

SPÉCIAL FAMILLES

Denis & Sébastien Dupont

Édito

Les Guides Marmouset

Pas toujours facile de planifier des activités quand on a des enfants avec des attentes différentes et des envies nouvelles chaque jour. C'est qu'il ne faut pas les décevoir, et proposer des visites de châteaux forts, des parcours d'accrobranche, des découvertes de grottes souterraines, des balades dans des jardins ombragés avec des jeux pour s'éclater. L'ado aimera certaines sorties, le petit dernier préfèrera les balançoires, la gamine voudra donner le biberon aux bébés chèvres. Tout cela est possible, encore faut-il savoir où, savoir quand c'est ouvert, si c'est accessible avec la poussette, si on peut pique-niquer sur place et si le cocker est autorisé à suivre le mouvement. Cela en fait des critères à prendre en compte. C'est à partir de ce constat que nous avons imaginé des guides qui engloberaient au fil des pages les activités sportives, ludiques, culturelles d'un département qui devraient passionner les petits comme les grands. Les Guides Marmouset vont vous permettre de dire chaque matin à la cantonade « On va aller faire un truc nouveau, préparez vos affaires, on est parti ». Le premier opus concerne les Pyrénées-Orientales, une mine d'activités en tout genre qui ne laisseront personne indifférent.

Auteurs :
Denis Dupont
Sébastien Dupont

Dessin de couverture :
Sébastien Piera

Mise en page :
Sébastien Dupont

Les Guides Marmouset
34, avenue Joffre
66300 Thuir

www.editionsdelafleche.com
editionsdelafleche@gmail.com

ISBN : 978-2-9558372-1-4
Dépôt légal : avril 2018

Imprimé en Espagne

Éditions de la Flèche

Sommaire

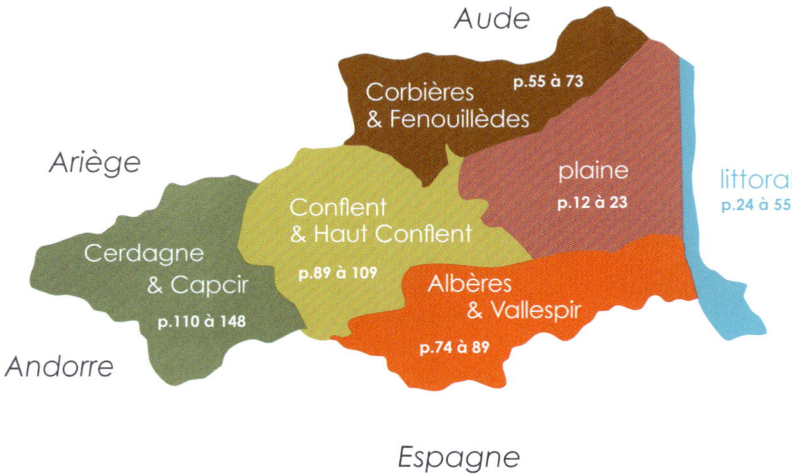

PLAINE

LITTORAL

CORBIÈRES - FENOUILLÈDES

ALBÈRES - VALLESPIR

CONFLENT - HAUT CONFLENT

CERDAGNE - CAPCIR

Les Pyrénées-Orientales

Un terrain de jeux et de découvertes idéal pour vos enfants

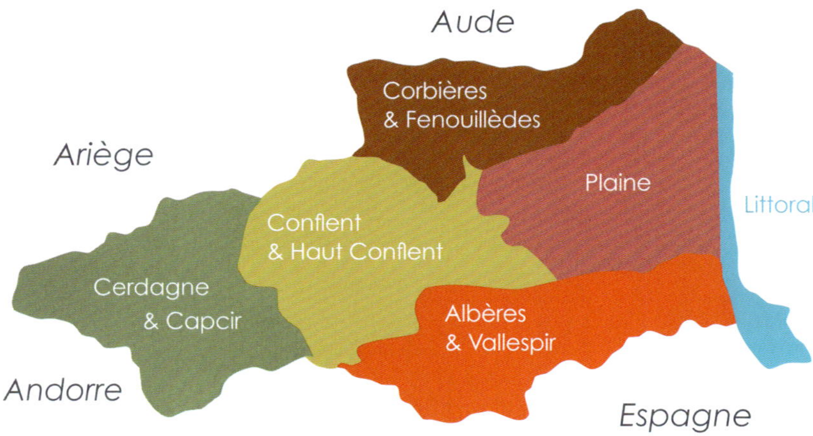

Bienvenue dans les Pyrénées-Orientales, un département qui jouit d'un grand nombre de critères originaux et qui va, nous en sommes persuadés, vous emballer.

Un peu de géographie. À l'est du département : la mer. Au sud : la montagne. Entre ces deux frontières naturelles une plaine et trois fleuves qui déterminent trois micro régions différentes ayant leurs caractères propres. Du nord au sud on trouve d'abord la vallée de l'Agly avec les Fenouillèdes, grand secteur viticole fait d'une mosaïque de terroirs différents. C'est là aussi que vous allez découvrir des châteaux cathares et des sentiers de randonnée.

En redescendant légèrement vers le sud, nous voilà dans la plaine du Roussillon et en remontant la Têt on arrive dans le Conflent puis vers les hauts plateaux de Cerdagne et du Capcir. Lacs d'eau douce, balades en forêt et visite de sites naturels comme des grottes ou des bains d'eau chaude

sont à votre portée. Puis, encore plus au sud, adossés aux Pyrénées qui terminent leur course dans la mer, les Albères et le Vallespir. Des arbres, de la verdure et au milieu coule le Tech enjambé par le Pont du Diable à Céret. Le fleuve qui peut devenir tempétueux à certaines époques de l'année a donné de l'énergie naturelle aux activités minières durant des siècles. C'est la terre des légendes, des mystères, le domaine de l'ours (même si cela fait des lustres que l'on ne l'a pas vu, ici on lui fait toujours la fête à la fin de l'hiver), le petit paradis des activités nature. On ne saurait terminer cette brève approche du département sans évoquer deux autres pôles d'attraction : la mer et toutes ses activités ludiques et festives nombreuses surtout en période estivale et bien entendu le Canigou, la montagne sacrée des Catalans qui offre des circuits de promenade et de découverte sans fin.

DES ACTIVITÉS SPORTIVES

Les vacances sont la période idéale pour pratiquer des activités sportives avec les enfants. Histoire de se remettre en forme physique et de leur montrer que l'on en a encore sous le pied. Et vous allez avoir le choix pour faire vrombir vos muscles et faire grimper le palpitant dans les tours tout en ouvrant les vannes de l'adrénaline.

Vous aimez grimper ? À vous les via ferrata, les spots d'escalade, ou plus modestement les circuits accrobranches. L'altitude ne vous fait pas peur ? Tyroliennes et sentiers engoncés dans des gorges aux à-pics impressionnants sont à vos pieds.

C'est l'eau qui vous attire ? Ski nautique, paddle, kitesurf, jet-ski, planche à voile vont rassasier vos appétits aquatiques. Sinon il y a aussi le vélo, électrique ou de montagne, et bien d'autres frissons vous attendent. Ça va vous changer de la salle de gym...

DES ACTIVITÉS NATURE

Depuis des générations et des générations, on a appris ici à vivre avec la nature, profiter, mais aussi protéger ses ressources. Et comme les industries lourdes se sont peu intéressées à la région, la nature bénéficie toujours d'un environnement non pollué et apte à s'exprimer. Ce qui va vous permettre, au fil de vos promenades et activités, de découvrir entre autres des jardins avec des essences et des fleurs très variées (le soleil n'y est pas pour rien), visiter des parcs animaliers avec des espèces que l'on ne croise que rarement à l'état sauvage dans nos contrées. Arboretum, biodiversarium, aquarium, muséum sont légion, sans oublier des curiosités géologiques étonnantes pour lesquelles les questions des petits seront nombreuses. Et pourquoi ces gorges sont si étroites, et pourquoi ces fleurs sont parfumées, et comment on enlève le liège des arbres, et c'est quoi cette pierre... On apprend beaucoup en s'amusant. Vous aussi d'ailleurs.

DES DÉCOUVERTES

Profitez de votre séjour dans le département pour aller à la découverte de sites étonnants et originaux. La nature vous offre par exemple des bains d'eau chaude. Plusieurs structures les ont domptées et vous donnent la possibilité de vous y prélasser à l'air libre, dans des bassins datant dans certains cas de l'époque romaine. La nature

a creusé des gorges que l'on dit les plus étroites du monde, mais aussi des grottes à explorer la frontale vissée sur le casque. Pour visiter l'arrière-pays sans se tracasser des bouchons sur la route, deux trains, un jaune et un rouge, sillonnent le Fenouillède et la Cerdagne. Les enfants seront ravis de profiter des wagons découverts et de contempler les cheveux au vent la montagne et les étendues de vignes. Et pour ne pas rester les deux pieds dans le même sabot, on peut aussi prendre l'air accroché à une montgolfière ou sous les ailes d'un ULM. On connaissait le Palais de la Découverte, les Pyrénées-Orientales font encore plus fort.

DES MUSÉES, DES CHÂTEAUX...

L'histoire a marqué son passage dans le département des Pyrénées-Orientales. Il est vrai que cette « marche de l'empire », cette terre frontalière, que se sont disputés au fil des siècles Espagnols et Français, a été propice à l'installation des bâtiments de défense et de guerre. On pense à Vauban qui a supervisé un grand nombre de citadelles. Plus loin dans les méandres du temps il y a aussi les vestiges plus mystérieux et plein de fantasmes des cathares. Mais les militaires n'ont pas l'exclusivité des sites remarquables, on pourra aussi faire découvrir aux petits curieux les architectures romanes à travers les nombreuses chapelles qui jalonnent les routes de l'arrière-pays, ou encore les fours solaires qui transforment les rayons de notre étoile la plus lumineuse en énergie.

DES ACTIVITÉS DE DIVERTISSEMENT

Les vacances c'est aussi fait pour essayer des choses que l'on n'a pas l'occasion de pratiquer durant l'année. Vous n'allez pas être déçu, le terrain de jeu est immense dans les Pyrénées-Orientales et surtout très varié. Bases nau-

tiques, parcs aquatiques et autre water jump seront un régal pour les amateurs. Vous êtes plutôt aérien, avec les tyroliennes et les parcs acrobatiques vous allez décoller. Il y a aussi les fans de motorisation, le karting va les ravir, pour les fans de jeux guerriers, le paintball va leur en mettre plein la vue. Sinon, plus classique, il y a le vélo (à assistance électrique pour mieux gravir les pistes si besoin), ou encore le mini-golf. Les tout petits ne sont pas oubliés, avant qu'ils aient l'âge d'être mis en selle ou dans un baudrier accroché dans le vide, les parcs de jeux et de féerie vont les captiver. Roulez petits bolides.

AVERTISSEMENTS ET CONSEILS

Les activités répertoriées dans ce guide sont le fruit de nombreuses recherches, de contacts, de rencontres et de tests réalisés par les auteurs pour certaines d'entre elles. Nous n'avons pas l'ambition d'avoir été exhaustifs, même si nous avons essayé d'être le plus complet possible.

À noter cependant quelques points importants.

Avant de vous lancer ou de vous déplacer, il est souvent utile de vérifier par téléphone que le prestataire est bien ouvert au moment où vous décidez de le rejoindre. Certains d'entre eux sont fermés hors saison, les activités de montagne sont également sujettes aux aléas météo, il arrive encore que certaines bases soient en cours de rénovation ou d'entretien, surtout en dehors des saisons touristiques.

Pour ce qui est des activités sportives, certains équipements sont indispensables. Ne jamais partir à l'aventure sans ce matériel, votre sécurité et celle de vos proches en dépend.

Le mois qui a précédé l'impression de ce guide nous nous sommes efforcés de vérifier l'ensemble des informations, notamment les tarifs et les horaires d'ouverture des différentes structures. Ces derniers font régulièrement l'objet d'ajustement, il est donc possible que vous constatiez des différences de tarifs ou d'horaires.

Dernier point, les âges. Nous avons estimé les âges minimums pour certaines pratiques, mais ce sont là des points qui peuvent être aléatoires en fonction des enfants, de leur gabarit, de leur caractère aventureux ou non, de leur envie aussi, de leur appréhension parfois. Vous, parents, êtes les mieux à même d'estimer si votre enfant est prêt à faire ici du vélo, de l'escalade, là du ski, de l'accrobranche ou de la bouée tractée. Les indications que nous donnons restent des indications.

PLAINE LITTORAL CORBIÈRES - FENOUILLÈDES **ALBÈRES - VALLESPIR**

Pédagogique

La ferme découverte de Saint-André

à partir de 6 mois

Saint-André

Entre parc animalier et exploitation agricole, la ferme découverte de Saint-André est aménagée comme un site pédagogique et ludique pour toute la famille. De nombreux animaux familiers (poules, chèvres, cochons, ânes, paons, lamas, lapins...), en tout ils ne sont pas loin de 300. Ils sont ici chez eux et vous accueillent comme il se doit. Les enfants apprécieront de les voir, de les toucher, voire de les prendre dans les bras. À une époque où l'on vit bien plus en ville et hors sol, ces contacts directs sont bénéfiques pour les plus jeunes, mais pas seulement. Il y a aussi le rituel du biberon donné aux petits chevreaux, auquel bien sûr les enfants peuvent participer. Succès et souvenirs garantis. Outre la promenade entre les divers enclos, il y a aussi sur place des toboggans, des balançoires, des tables et des chaises pour faire une halte et se reposer ou même pique-niquer entre deux séances de découverte.

D'autres fermes sont sur le même concept avec des variantes ou des approches différentes. La ferme Saint-Roch à Villemolaque, propose par exemple en plus de la découverte des animaux de la ferme (il y en a 250 environ sur un espace de 3 ha), un sentier botanique, des jeux divers, des aires de pique-nique ombragées. Et qui dit « ferme » dit bien entendu exploitation agricole, vous pouvez vous fournir en produits fermiers élaborés sur place ou chez les producteurs environnants. Œufs, fromages de chèvre, miel, confiture, glaces, nectar sont disponibles à la boutique. Il y a aussi la ferme aux escargots à Estoher.

Toute l'année

3h

D'avril à sept. : 7j/7 de 9h à 19h
D'oct. à mars : mer. et WE de 10h à 18h • vac. scol. : 7j/7
Biberons aux agneaux : 11h30 et 16h30

adulte : 9 € • de 2 à 13 ans : 7 €
- 2 ans : gratuit

Route de Taxo d'Amont
04 68 89 16 39 • 06 85 73 00 06
contact@ferme-de-decouverte.fr
www.ferme-de-decouverte.fr

Bar, espaces jeux, restaurant, aires de pique-nique ombragées, table à langer, micro-onde.

De mi-avril à fin août : mar. et jeu., dès 9H30, une navette gratuite Train Bus effectue la liaison entre la ferme et Argelès-sur-Mer.

74

LES SECTEURS

PLAINE

LITTORAL

CORBIÈRES - FENOUILLÈDES
ou vallée de l'Agly

Vous y trouverez également quelques activités et points d'intérêts situés dans l'Aude.

ALBÈRES - VALLESPIR
ou vallée du Tech

CONFLENT - HAUT CONFLENT
ou vallée de la Têt

CERDAGNE - CAPCIR

DANS TOUT LE DÉPARTEMENT

Ce chapite regroupe les activités qui sont réparties sur l'ensemble du département.

LES PICTOGRAMMES

- âge minimum conseillé
- lieu ou commune
- période d'ouverture
- durée moyenne sur place
- tarifs
- horaires
- coordonnées
- bon à savoir
- équipements et services sur place
- chiens en laisse autorisés
- chiens non autorisés
- déplacements en poussette difficiles ou impossibles
- cartes bancaires refusées
- chèques vacances acceptés

CARTE DE RÉDUCTION

Pass Patrimoine 66

Le département des Pyrénées-Orientales propose un pass gratuit qui permet de bénéficier de réduction dans 60 lieux patrimoniaux. On peut se le procurer dans tous les lieux concernés.

Port-Leucate
Salses-le-Château
Tautavel
St-Paul-de-Fenouillet
Agly
Latour-de-France
Estagel
Rivesaltes
Le Barcarès
St-Laurent-de-la-Salan
Bompas
Caramany
Sournia
St-Estève
Têt
Canet-en-Rous
Molitg-les-Bains
Ille-sur-Têt
Millas
PERPIGNAN
Toulouges
Thuir
Vinça
PRADES
St-Cyprien
Trouillas
Bages
Elne
Tech
Argelès-sur-M
Collioure
Port
2784
Pic du canigou
Le Boulou
Amélie-les-Bains Palalda
CÉRET
Le Perthus
673
Col du Perthus
Arles-sur-Tech
Prats-de-Mollo-la-Preste
Preste
St-Laurent-de-Cerdans
1513
Col d'Ares
01
02
03
04
05
06
07
08
09
10
11
12

PLAINE

Encadrée par L'Agly au nord et le Tech au sud, la plaine du Roussillon s'étend de la mer (nous avons répertorié le littoral à part) au piémont du massif du Canigou. On y trouve bien entendu la préfecture de Perpignan riche en propositions diverses, puis des terres agricoles, des vignes, des vergers, des maraichages et de nombreuses communes plus ou moins importantes qui, chacune d'elle, offre des activités qu'elles soient culturelles, patrimoniales ou sportives. Au nord de la plaine, on trouve le département de l'Aude, nous avons inclus quelques points remarquables (comme les châteaux cathares par exemple, l'activité char à voile...).

s

sur-Mer

rbère

OÙ SE RENSEIGNER

ALENYA
Rotonde du parc Ecoiffier
04 68 22 54 56

ELNE
2 bis rue du Couvent
04 68 22 05 07

ILLE-SUR-TÊT
OT Intercommunal
Roussillon Conflent
Place Henri Demay
04 68 57 99 00

PERPIGNAN
OT communautaire Perpignan
Méditerranée Tourisme
Place François Arago
04 68 66 30 30

THUIR
OT Intercommunal Aspres-Thuir
Boulevard Violet
04 68 53 45 86 • 04 68 57 58 34

Le parc de Clairfont

Dès la naissance

GRATUIT

Toulouges

La ville de Toulouges a toujours eu une fibre très « nature ». Quand elle a acquis le parc de Clairfont, elle a installé les locaux administratifs de la mairie dans le bâtiment, genre grande maison de maître, mais a conservé le parc de six hectares, en l'aménageant et en le mettant à la disposition du public. On vient s'y balader pour voir les pigeons ou les canards qui s'ébrouent dans les différents petits plans d'eau. On peut laisser courir ses minots entre les arbres et dans les espaces verts à profusion. Quelques jeux pour enfants sont également installés, on n'est pas à Disneyland, mais dans un joli petit parc bien ombragé, calme et sans voiture. On peut aussi croiser certains samedis des mariés qui viennent se faire photographier dans un décor luxuriant et verdoyant à deux pas de Perpignan.

Toute l'année 7j/7

De 30 min à 1h

De 10 à 19h (18h en hiver)

1 bd de Clairfont
04 68 56 51 11 • www.toulouges.fr
accueil.clairfont@toulouges.fr

Aire de jeux.

Fantassia, parc de la Féerie

à partir de 2 ans

Théza

Un parc avec un concept et une orientation originale qui fait la part belle à l'univers du fantastique. On est loin de l'univers américanisé, standardisé et aseptisé de Disney, mais vous allez croiser ici des fées, des dragons, des lutins, des licornes et autres habitants des mondes enchantés. Les plus jeunes apprécieront cette incursion dans un espace hors du temps avec de nombreuses attractions, des jeux de piste, des énigmes, jeux d'observation, un labyrinthe ou encore un parcours botanique consacré aux plantes méditerranéennes. Si vous avez conservé au fond de vous-même une âme d'enfant toujours prompte à s'émerveiller, le voyage ludique parmi les habitants du petit peuple de la forêt et des rêves pourra vous enchanter.

D'avril à novembre

2h

Juillet, août : 7j/7 de 10h à 19h30
Vac. de Pâques et de la Toussaint : de 14h à 18h • hors vac. scol. : mer., WE, Jrs fériés : de 14h à 18h

Adulte : 10 € • de 3 à 12 ans : 8,50 €
- 3 ans : gratuit

Route de Villeneuve
07 83 00 42 54 • www.fantassia.fr
fantassia66@gmail.com

Aires de pique-nique ombragées.

Le parc dispose d'un micro-ondes pour réchauffer vos biberons.

Le Tropique du papillon

à partir de 3 ans

Elne

C'est un jardin tropical en forme de grande volière qui abrite sur 700 m^2 des centaines de papillons venus pour l'essentiel d'Asie et d'Amérique latine. L'occasion unique de voir « en vrai » ces petites merveilles de la nature, toujours très poétiques, virevolter devant vous et prendre la pose pour les photos. On a recréé ici un biotope propice à leur confort avec des plantes rares et des fleurs de toutes sortes comme des bananiers, des hibiscus, ou encore des fougères arborescentes. Les propriétaires sont aussi des horticulteurs spécialistes des plantes tropicales, et bien entendu des papillons. Outre le côté spectaculaire et peu courant de se trouver en immersion au milieu de tous ces papillons, le Tropique est aussi l'occasion pour les plus curieux de comprendre le monde de ces insectes particuliers, les guides sont là pour tout vous expliquer. Chenilles, nymphes et chrysalides, mues et métamorphoses, autant de merveilles de la nature, n'auront plus de secret pour vous.

Toute l'année

2h

Juillet, août : de 10h à 19h • vac. de Pâques, juin, sept. : de 10h à 12h30 et de 14h30 à 18h • mai : mer. et WE

Adulte 9,5 € • de 3 à 12 ans : 6,5 €

RN 114 • 04 68 37 83 77
letropiquedupapillon@wanadoo.fr
www.tropique-du-papillon.com

Buvette et restauration (en été).

Le Labyrinthe aux 1000 fleurs

à partir de 3 ans

Trouillas

Ce site nature propose sur 3 ha des labyrinthes et des dédales de différentes sortes, des classiques, des modernes, des en métal, des en bambou, des simples des plus compliqués et surtout pour tous les âges. Chaque année ils sont réaménagés. Ces parcours ludiques sont installés dans un parc agrémenté de fleurs et de plantes diverses venues des différents continents (les propriétaires sont aussi des pépiniéristes), avec des coins pour pique-niquer si vous envisagez d'y passer une partie de la journée. Outre les labyrinthes, le parcours présente aussi un « village » de cabanes du monde, un jardin zen, une petite collection de bonzaïs et aussi des jeux divers pour les enfants de tous les âges, voire même pour les parents. Régulièrement, le site organise des animations thématiques, avec un labyrinthe hanté pour Halloween, une chasse aux œufs à Pâques…

De mars à novembre

2h

Vac. scol. : 7j/7 de 10h à 19h
Le reste de l'année : mer. et WE de 14h à 18h

Adulte 13,50 € • de 3 à 11 ans : 7,50 €

Av. du Mas Deu, route d'Elne RD612
04 68 53 77 68 • info@laby66.com
www.laby66.com

Point d'eau, espace jeux, snack, aire de pique-nique.

TROUVEZ LES 7 COCCINELLES DIFFÉRENTES

Solutions p.138

La forteresse de Salses

à partir de 4 ans

Salses-le-château

Un site assez étonnant qui devrait séduire les amateurs d'architecture militaire. Cette forteresse est à moitié enterrée avec de larges et profonds fossés qui protègent l'enceinte. Si l'édifice a cette particularité, c'est qu'il devait faire front à l'artillerie et ses boulets métalliques qui se développaient à la fin du XVe siècle, date de sa mise en œuvre.

Ce sont les Espagnols qui furent à la création de cette forteresse, avec pour mission de défendre leur frontière contre une invasion française. Vous l'aurez remarqué, cette frontière était alors bien plus au nord qu'aujourd'hui. Puis durant des siècles, cette place forte a été assiégée, prise et reprise, mais à chaque fois, la qualité de sa construction, ses murailles très épaisses et son enfoncement dans le sol ont fait la preuve de leur efficacité.

Le cinéma a parfois planté ici ses caméras et ses éclairages pour réaliser ses films en costume (Le Retour de Martin Guerre, Inquisitio…).

Un site à visiter pour le plaisir de se retrouver dans une ambiance d'époque, mais aussi pour participer aux manifestations culturelles, dont certaines sont destinées spécialement aux familles

Toute l'année 7j/7 • (fermé les 1er janv., 1er mai, 1er et 11 nov., 25 déc.)

1h30 (visite commentée : 45 min)

D'oct. à mars : de 10h à 12h45 et de 14h à 17h15 • d'avril à sept. : de 10h à 18h30

Adulte : 8 € • -26 ans : gratuit

04 68 38 60 13
www.forteresse-salses.fr
forteresse.salses@monuments-nationaux.fr

Une cinquantaine de marches d'escalier permettent d'accéder aux parties hautes de la forteresse.

LE SAVIEZ-VOUS ?

La forteresse accueille 85 000 visiteurs par an, ce qui fait d'elle un des sites les plus fréquentés du département. Originalité : un chemin piétonnier relie l'aire de repos de l'autoroute à la forteresse.

Le jardin exotique de Ponteilla

à partir de 4 ans

Ponteilla

Un jardin un peu caché dans un lotissement résidentiel. Il faut dire qu'à la création de ce havre de plantes il n'y avait ici que des vignes et des terrains agricoles. Après des décennies de travail de passionnés, le jardin exotique de Ponteilla est devenu un site de découverte très prisé par tous les amateurs de plantes exotiques. Sur 3 ha de terrain tout spécialement aménagé, près de 1400 variétés de plantes venues des cinq continents s'épanouissent sous le soleil du Roussillon. Les passionnés de botanique vont trouver sur le site les plantes qu'ils ne connaissent souvent que dans les livres. Les enfants, les adultes aussi, auront la possibilité de pratiquer des jeux de pistes et de découvertes, manière ludique de partir sur les pas des grands explorateurs, ceux-là mêmes qui ont introduit eucalyptus, bambous, cactus, plantes carnivores, sous nos contrées.

De nombreux panneaux explicatifs sont disséminés également sur le parcours afin de mieux comprendre les plantes qui s'offrent à votre regard, et pour beaucoup d'entre elles à vos sens olfactifs.

Le site propose aussi pour les plus jeunes un « Parcours de l'explorateur », qui leur permettra de se glisser dans la peau des grands noms de l'exploration des contrées inconnues du siècle dernier. Un parcours mêlé de surprises à affronter avec des pistolets (à eau), leur sens de l'observation et de déduction qui leur permettra de trouver les codes et devenir un vrai aventurier.

Toute l'année

De 1h30 à la 1/2 journée

Avril : chasse aux œufs de 14h à 18h
Mai, juin : mer. et WE de 14h à 18h
Juillet, août : de 10h30 à 19h (sam. : de 14h à 19h)

Adulte : 7,50 € • de 4 à 11 ans : 6 €
- 4 ans : gratuit • chasse aux œufs : 4 €
parcours de l'explorateur : 7 €

Route de Nyls
04 68 53 22 44 • 06 95 05 13 66
jardinponteilla@gmail.com
www.lejardinexotiquedeponteilla.fr

Snack, boissons, aires de pique-nique, brumisateurs.

Les orgues d'Ille-sur-Têt

à partir de 4 ans

Ille-sur-Têt

On les appelle aussi les « cheminées de fée ». Il s'agit d'une curiosité géologique d'argile, de sable et de galets où, sous les intempéries multiples, l'érosion des roches a pris des formes originales. Face aux orgues, sculptées par plus de quatre millions d'années de vent et de pluies, on imagine sans peine des dentelles avec des plis et des replis s'enroulant autour de colonnes. Suivant l'heure de la journée, les couleurs des orgues varient, et si vous avez le Canigou en ligne de mire, vous êtes à l'intérieur même de la parfaite carte postale de vos vacances. Il a été aménagé en bas du site un circuit de 2 km de visite avec un sentier d'interprétation pour des découvertes respectueuses et pédagogiques des lieux.

Toute l'année
(fermé du 22 déc. au 1er janv.)

1h (visite guidée : 1h30)

De mi-juin à mi-sept. : visites libres de 9h15 à 20h • juillet, août : visites guidées à 17h en sem. et visites contées à 10h le mer. et jeu.

Adulte : 5 € • de 10 à 13 ans : 3,50 €
-10 ans : gratuit

Route de Bélesta
04 68 84 13 13
orgues@ille-sur-tet.com
www.lesorgues.ille-sur-tet.com

Le musée aéronautique du mas Palégry

à partir de 4 ans

Perpignan

GRATUIT

Ce petit musée a tout le charme des grandes collections de passionnés. C'est en 1976 que Charles Noetinger, pilote de chasse (1000 heures de vol sur Republic RF84F «Thunderflash» au 1/33 Belfort), a commencé à compiler tout ce qui touchait au monde de l'aéronautique. Peu à peu, sa collection d'avions divers, de maquettes, de photos, d'archives, d'objets liés à l'histoire de l'aviation a pris de l'ampleur pour devenir un véritable musée privé consacré à tout ce qui vole. Aujourd'hui, ce sont ses enfants qui poursuivent l'œuvre et la mémoire de leur père. Si des noms comme Morane Saulnier, Alcyon, Fouga Magister, Thunderflash, ou encore Pou du ciel vous font toujours rêver, une visite au Mas Palégry vous replongera dans cette atmosphère des As, des pilotes, et des mécanos de l'air.

Toute l'année sur réservation

1h

Sur réservation

Mas Palégry, route d'Elne
06 18 92 64 14
marc.noetinger@sfr.fr

Le muséum d'histoire naturelle de Perpignan

à partir de 4 ans

Perpignan

GRATUIT

On est dans ce que l'on nommait à une époque un « cabinet de curiosités ». L'objectif de ses créateurs en 1840 était de populariser la culture scientifique en montrant des collections rares et intéressantes, dont les premiers objets viennent du cabinet d'histoire naturelle de l'université, créé en 1770. Enchâssé dans le vieux Perpignan et rénové depuis peu, le muséum propose sur 350 m² d'exposition un tas de choses plus ou moins hétéroclites, ce qui fait son charme. Il y a par exemple la faune rare ou disparue dans les Pyrénées (oiseaux, rapaces, mammifères...), on peut voir aussi des collections de minéraux et divers objets ethnologiques. Si l'on peut parler de cabinet de curiosité et d'éclectisme, c'est que le muséum a aussi dans ses collections des objets d'art africain ou océanien (pierres, coraux, papillons...), mais surtout une momie égyptienne dans son sarcophage, un don d'Ibrahim Pacha qui avait ses habitudes dans le département notamment à Vernet-les-Bains où il prenait les eaux à la fin du XIXe siècle.

Le muséum propose aussi des expositions temporaires et thématiques ainsi que des visites guidées.

Toute l'année

45 min

D'oct. à mai : de 11h à 17h30
(fermé le lundi)
De juin à sept. : 7j/7 de 10h30 à 18h30

12 rue fontaine Neuve
04 68 66 33 68 • 04 68 66 19 77
museum-histnat@mairie-perpignan.com
www.mediterranees.net/museum

Unique

Les caves Byrrh

à partir de 4 ans

Thuir

Ce site industriel est ouvert (en partie) au grand public qui peut, le temps de la visite, découvrir les secrets d'élaboration d'un apéritif au nom qui sent bon la nostalgie : le Byrrh. Grâce à d'importants travaux d'aménagement initiés par la collectivité territoriale, on peut désormais évoluer entre les foudres (ces grandes cuves en bois) et assister à différents endroits à des explications sur le site, distillées par… des hologrammes. Également au menu de la visite, un film qui retrace la vie et la saga des frères Violet qui furent en 1860 à l'origine de cette industrie apéritive, ayant fait les beaux jours de la commune de Thuir. Le petit cinéma qui présente ce film a été aménagé dans une des anciennes cuves en béton du lieu.

À découvrir aussi une partie de la collection d'affiches d'époque que les artistes du début du siècle avaient signé. Très friands de marketing et de « réclame », les frères Violet avaient lancé un concours de dessins d'affiches qui devaient reprendre le slogan : Byrrh, tonique, hygiénique, à base de vin généreux et de quinquina. La visite passe bien entendu par le clou des caves, la grande cuve, célèbre dans le monde entier. Avec sa contenance d'un million de litres, elle ne craint aucune comparaison. Depuis plusieurs années, le circuit a été modernisé et répond aux attentes des visiteurs les plus exigeants avec des techniques de mapping et de projection d'images sur les murs et les cuves du lieu.

Toute l'année
(fermé les 1er janv., 1er Mai et 25 déc.)

1h30

D'avril à oct. : de 9h30 à 11h30 et de 14h30 à 17h30 • juillet, août : de 10h à 11h30 et de 14h à 18h30 • de nov. à mars : 10h45, 14h30 et 16h (fermé le lundi)

Visite découverte :
adulte : 5 € • enfant : 2,50 €
-12 ans : gratuit

Visite théâtralisée :
adulte : 10 € • enfant : 5 €
-12 ans : gratuit

2 bd Violet
04 68 57 51 73 • www.caves-byrrh.fr
contact@aspres-thuir.com

Un document pédagogique comportant des devinettes et des rébus en relation avec la visite permet d'occuper les plus jeunes pendant la visite.

AIDEZ LA COCCINELLE À REJOINDRE LE PRÈ

Solutions p. 172

L'Odyssée du vigneron

à partir de 7 ans

Passa

Le domaine viticole Rossignol fait depuis des lustres visiter ses chais, mais ne s'est pas contenté d'un simple étalage de son savoir-faire. La famille de viticulteurs a également aménagé juste devant le caveau de la propriété une vigne témoin avec les différents cépages présents sur le domaine, histoire de pouvoir comparer en vis-à-vis et suivant la saison, les tailles et les couleurs des feuilles et les formes des grappes. Mieux encore on a reconstitué dans un espace attenant l'Odyssée du vigneron, une sorte de petit « musée théâtre ». Il y a là d'anciens outils, des publicités du siècle dernier, des bouteilles d'un autre âge, mais surtout les Rossignol ont fait fabriquer par un spécialiste du genre, des automates animés qui miment les divers moments du travail de la vigne. Avec des explications pédagogiques bienvenues, on visualise le labour, les vendanges, la vinification... La visite se poursuit ensuite avec la découverte d'un chai romain reconstitué avec toutes ses odeurs et ses parfums. Il est possible aussi de s'initier à la dégustation non seulement des vins du domaine, mais aussi des spécialités gourmandes des Aspres.

Toute l'année

1h

De janv. à mars : de 10h30 à 12h30 et de 16h à 19h (fermé le dim.)
D'avril à déc. : de 9h30 à 12h30 et de 15h à 19h30 (dim. sur rendez-vous)

Tarif unique : 5 €

Route de Villemolaque
04 68 38 83 17
domaine.rossignol@free.fr
www.domainerossignol.fr

La Cave rouge

à partir de 10 ans

Thuir

Un escape game installé dans une ancienne cave à vin, l'immersion est totale. Le thème de la mission sera de retrouver un élixir magique. Mais bien entendu cette fameuse panacée est bien protégée sinon où serait l'intérêt du jeu. De multiples énigmes et pièges, avec des difficultés progressives et bien dosées, protègent le flacon de toutes les convoitises. Le temps est limité pour trouver l'élixir, avec votre équipe (entre 3 et 6 joueurs) une heure pas plus. Sinon...

Toute l'année

1h

De 10h à 22h

À partir de 20 €

Domaine de Mont Calm
07 68 65 56 56
contact@lacaverouge.com
www.lacaverouge.com

LE SAVIEZ-VOUS ?

Le concept d'escape game est relativement récent. Il ne séduira que très modérément les claustrophobes, mais tous ceux qui ont vu le film Cube devraient apprécier. La clé de l'évasion est le résultat d'une recherche en équipe. Attention aux maillons faibles.

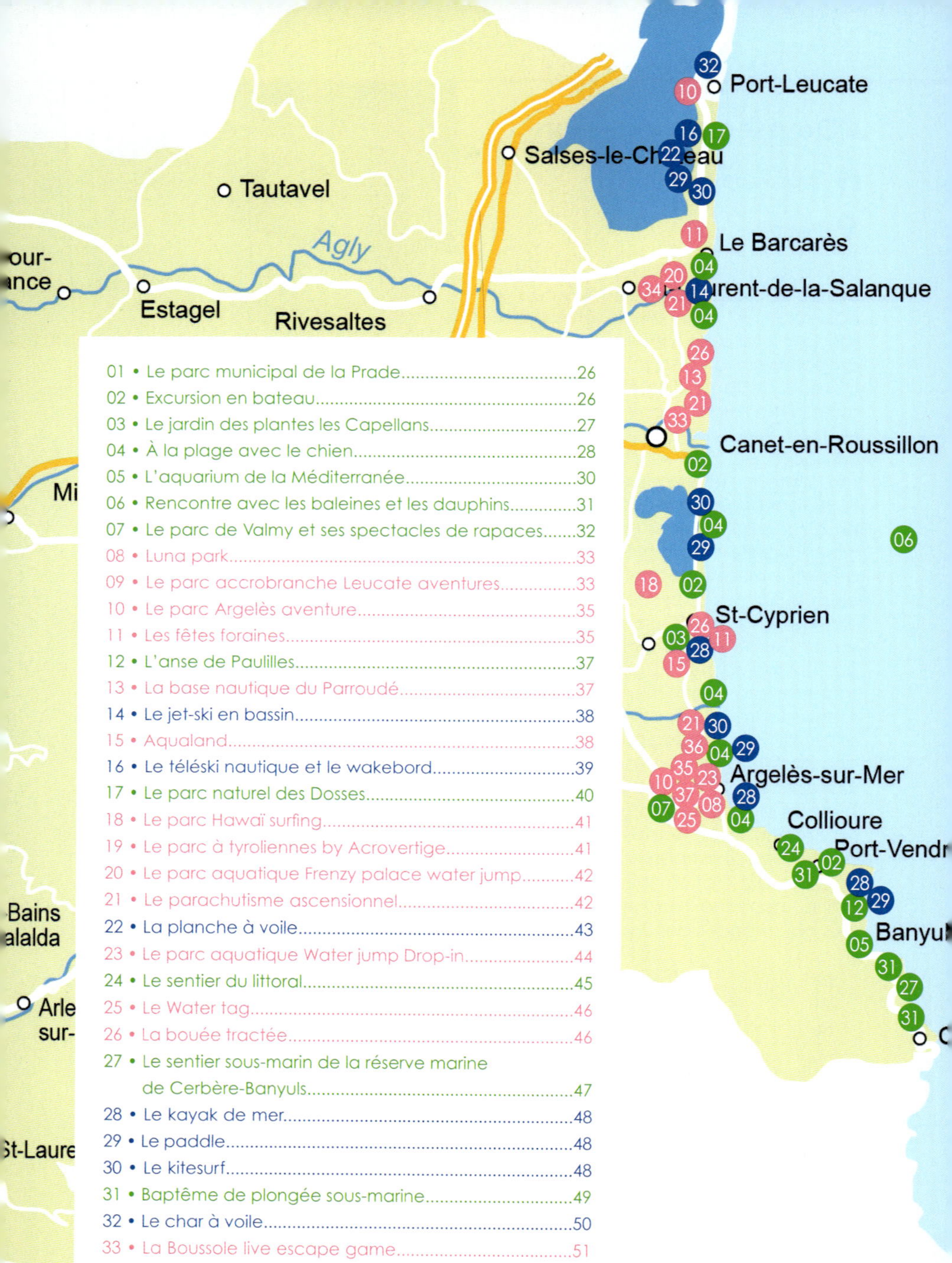

Port-Leucate
Tautavel
Agly
Estagel
Rivesaltes
Le Barcarès
Canet-en-Roussillon
St-Cyprien
Argelès-sur-Mer
Collioure

LITTORAL

Du Barcarès au nord à Cerbère à l'extrême sud, juste à la frontière avec l'Espagne, le littoral présente des paysages bien différents. On trouve des plages de sable fin où il fait bon se prélasser en été, des zones de galets, mais aussi, en descendant vers le sud, des criques et des zones très rocheuses aux falaises plongeant dans la Méditerranée. Le littoral c'est surtout de nombreuses stations balnéaires avec, là encore, des caractères à chaque fois différents. Populaires, chics, ou très familiales, voir même discrètes pour ne pas dire secrètes. Chaque station, chaque village possède son identité propre. C'est aussi le royaume des sports nautiques, de la plongée et des balades en vélo sur des sentiers aménagés. Le littoral catalan est la vitrine du département.

OÙ SE RENSEIGNER

ARGELÈS-SUR-MER
Place de l'Europe
04 68 81 15 85

OT Intercommunal Pyrénées Méditerranée
Chemin de Charlemagne
04 68 81 63 77

BANYULS-SUR-MER
Avenue de la République
04 68 88 31 58

CANET-EN-ROUSSILLON
1 bis avenue de la Méditerranée
04 68 86 72 00

CERBÈRE
Avenue du Général de Gaulle
04 68 88 42 36

COLLIOURE
Place du 18 Juin
04 68 82 15 47

PORT-BARCARES
Place de la République
04 68 86 16 56

PORT-VENDRES
1 quai François Joly
04 68 82 07 54

SAINT-CYPRIEN
Quai Arthur Rimbaud
04 68 21 01 33

SAINTE-MARIE-LA-MER
Espace Oméga
2 rue des Cyclades
04 68 80 14 00

SAINT-GENIS DES FONTAINES
Rue Georges Clémenceau
04 68 89 84 33

SORÈDE
Rue de la caserne
04 68 89 31 17

TORREILLES
Espace Capellans
04 68 28 41 10

Le parc municipal de la Prade

dès ses premiers jours

Saint-Cyprien

GRATUIT

Grand parc paysager public de la station situé entre le village et la plage. On y trouve des sentiers qui serpentent entre les quelque 500 arbres à parcourir à pied, en roller, en vélo. Il s'agit d'un poumon vert très apprécié des joggeurs, des familles et des amateurs de calme et de sérénité. Les enfants plébisciteront tout particulièrement les aires de jeux qui sont installées sur le parc entre les pièces d'eau, les cascades, et les bassins d'agrément. Un parcours santé et un kiosque pour se poser et prendre un rafraichissement font également partie de l'ensemble du parc qui se la joue résolument écolo. Il sert aussi de bassin de rétention en cas de fortes pluies, préservant ainsi les quartiers résidentiels qui le bordent. Un jardin d'enfants est aménagé pour les petits de 2 à 8 ans et pour les plus grands, un « city stade » permet la pratique du football, du basket-ball et du hand-ball.

Toute l'année 7j/7

1h

24h/24

Av. Maréchal Leclerc
04 68 21 01 33 • 04 68 98 15 71 (mairie)

Jardin d'enfants pour les 2-8 ans.

Excursion en bateau

à partir de quelques semaines

Plusieurs prestataires proposent des promenades en mer avec différents thèmes. Il y a par exemple la balade commentée, genre « bateau-mouche », avec un point de vue du littoral que l'on ne peut aborder que par la mer. Certains bateaux possèdent en outre des puits à vision sous-marine, vous pourrez alors voir les poissons et les fonds comme dans un aquarium. Bluffant. Il y a encore la possibilité d'aller à la rencontre des dauphins, voire même des baleines suivant la saison quand les cétacés et les mammifères marins non carnassiers viennent se nourrir du plancton. Si ceux-ci sont absents, cela peut arriver, vous aurez toujours le plaisir d'observer des oiseaux marins et migrateurs au cours de la balade. Autre saison, celle des feux d'artifice, là encore il est possible de les voir du large plutôt que sur les plages bondées. Réservations en amont plus que recommandées.

Toute l'année

De 1h à une journée

Liste des professionnels spécialisés p.177

L'aquarium de Canet-en-Roussillon

à partir de 6 mois

Canet-en-Roussillon

RÉOUVERTURE PROGRAMMÉE POUR 2019

Spécial bébés

Le jardin des plantes les Capellans

dès ses premiers jours

Saint-Cyprien

GRATUIT

Ce havre de douceur et de calme à deux pas du port de la station balnéaire, a été restauré par la ville il y a plus de 20 ans. Il préserve jalousement un patrimoine naturel et vivant. Le jardin des plantes abrite sur 5 ha plus de 800 espèces végétales de toutes sortes, bambous, roses anciennes, nénuphars, de nombreux arbres comme des séquoias géants, des libocèdres, des ginkgos biloba ou encore des cocotiers du Chili.

À noter également la présence intéressante d'une trentaine d'espèces de palmiers différents. Le tout est aménagé dans un ensemble harmonieux, avec des cascades, des ponts japonais, des plans d'eau dans lesquels évoluent des carpes koï et autres poissons indolents et, de-ci de-là, des sculptures. Un grand jardin qui fut longtemps une propriété privée, aujourd'hui publique et à la disposition des visiteurs. Ceux-ci sont invités à découvrir une nature diverse, luxuriante parfaitement domptée et entretenue. Assis sur un des nombreux bancs installés sur les parcours du jardin, vous aurez aussi la surprise d'admirer des paons qui sont là chez eux, tout comme des écureuils et des oiseaux par dizaine tous heureux de bénéficier d'un espace pour leurs ébats.

Toute l'année 7j/7
(fermé le lun. d'oct. à mars)

1h

De nov. à fév. : de 13h30 à 17h
Mars, avril et oct. : de 13h30 à 18h
Mai, juin et sept. : de 13h30 à 19h
Juillet, août : de 13h30 à 20h

Rue Verdi • 04 68 21 01 33
contact@otstcyp.com
www.tourisme-saint-cyprien.com

À la plage avec le chien

dès ses premières semaines

Torreilles, Canet-en-Roussillon, Saint-Cyprien, Argelès-sur-Mer

Attention, votre compagnon à quatre pattes n'est pas toujours le bienvenu sur les plages du littoral. C'est comme ça. Si au moment des périodes estivales, là où les bronzeurs sont les plus nombreux, la présence d'un chien sur un site interdit peut vous valoir une remontrance des agents municipaux (voire même un PV), la tolérance est bien plus large en dehors des périodes surchargées. Tolérance ou autorisation dans certaines communes hors saison. Il est donc nécessaire de se renseigner avant d'inviter toutou à faire trempette avec vous. Mais de toute manière, la laisse sera obligatoire, et l'on ne parle pas des éventuelles déjections qui devront être ramassées. Les autorisations et les interdictions évoluent de saison en saison, nous avons listé les plages concernées, se renseigner si les réglementations ont évolué au moment de votre séjour.

Rien à voir, les fumeurs sont aussi de moins en moins tolérés sur les plages et les cendriers sont de plus en plus obligatoire. Il y va, dans un cas comme dans l'autre, de la sécurité sanitaire des lieux. Ce ne sont pas les enfants qui vont s'en plaindre. Pour ce qui est des naturistes (rien à voir là encore), certaines plages, en général isolées, sont dévolues à cette pratique. Se renseigner avant de débarquer avec toute la famille pour ne pas risquer de se retrouver nez à nez avec des gens tout nus sans l'avoir voulu.

LES PLAGES OÙ LES CHIENS SONT AUTORISÉS

TORREILLES

La Plage Nord :
Proche de l'embouchure de l'Agly (autorisée tenus en laisse).
Depuis Torreilles, traversez Torreilles-Plage puis prendre sur la gauche en direction de plage-nord. Suivez le sentier en terre pendant environ 1.5 km.

Plage du Bourdigoul :
Sur la D81 au rond point de Torreilles, prendre Torreilles plage, puis tournez à droite et longez la D81. Après 400 mètres prendre sur la gauche (panneau indiquant la plage sud). Parking gratuit au bout de la piste.

CANET-EN-ROUSSILLON

La plage du Lido :
Plage sauvage non surveillée qui se situe en face des cabane de pêcheurs de l'étang de Canet. Depuis Canet, suivez la Voie des Flamants Roses sur le front de mer en direction de St-Cyprien.

ENTRE ST-CYPRIEN & ARGELÈS-SUR-MER

La plage du Bocal du Tech :
Dans la réserve naturelle du Mas Larrieu au nord de l'embouchure du Tech. Pour y accéder prenez la D81 dans le sens Saint-Cyprien Argelès. Au rond-point au sud de Saint-Cyprien, prendre sur la gauche direction Bocal de Tech. Le parking se situe au bout de cette route à 1.5km. Plage surveillée en saison. Admis en laisse, ils ne peuvent pas se baigner entre 10h et 19h30.

ARGELÈS-SUR-MER

Plage de la Marenda :
Au nord d'Argelès et jusqu'aux limites de St-Cyprien. On y accède par le boulevard du bord de mer. Plage sauvage surveillée en été.

La Plage du Racou :
Surveillée en été, seule la partie non surveillée de cette plage (du bout du parking jusqu'à la digue) est autorisée aux chiens tenus en laisse.

L'aquarium de la Méditerranée

à partir de 6 mois

Banyuls-sur-Mer

Quel meilleur emplacement que ce cadre exceptionnel, tout à côté de la réserve marine de Cerbère-Banyuls, pouvait accueillir l'aquarium de Banyuls-sur-Mer? Il ne date pas d'hier puisque cet observatoire océanologique a été créé en 1885 pour étudier les sciences de la mer. Historiquement, c'est l'aquarium le plus ancien de la côte méditerranéenne française. Il avait vieilli et devait être refait pour satisfaire aux exigences du public d'aujourd'hui. Le site a été totalement restauré et restructuré. Il permet au grand public, parents et enfants de découvrir la biodiversité marine du département, car essentiellement consacré à la faune et de la flore marines locales. Il accueille plus de 200 espèces de végétaux, de poissons et d'invertébrés vivants dans le milieu naturel sous-marin des Pyrénées-Orientales. Une occasion aussi pour découvrir les métiers de la recherche scientifique, car le site qui dépend du CNRS est aussi un laboratoire de recherche et d'étude de la biodiversité marine.

Toute l'année 7j/7
(fermé le 25 déc. et le 1er janv.)

45 min

De 10h à 12h30 et de 14h à 18h30

Adulte : 9,50 € • 3 - 12 ans : 7,50 €
-3 ans : gratuit

Av. Fontaulé
04 68 88 73 39
contact@biodiversarium.fr
www.biodiversarium.fr

Rencontre avec les baleines et les dauphins

à partir de 2 ans

Canet-en-Roussillon, Port-Vendres

Des baleines en Méditerranée ? Des dauphins aussi ? Oui bien sûr, et aussi des requins, mais rassurez-vous des espèces inoffensives. Et on peut même aller les voir de près. C'est ce que propose La Découverte du vivant à bord de son bateau, un maxi catamaran. La petite croisière que vous pouvez faire au départ de Canet-en-Roussillon ou de Port-Vendres vous mènera sur les sites connus

98% DE CHANCE DE VOIR LES DAUPHINS !

par l'équipage, des naturalistes et des photographes passionnés. Ils vont vous expliquer le monde de ces cétacés, de ces mammifères et parfois aussi des poissons, des tortues et aussi des oiseaux que vous allez croiser. Attention, on n'appareille par pour quelques minutes seulement. Pour accéder au large et approcher les grandes fosses marines du Parc marin à partir de Canet, là où se trouvent ces espèces, comptez plusieurs heures de navigation. Idem pour une sortie côtière (pour le grand dauphin) qui se fait, elle, au départ de Port-Vendres. Si cela va enchanter les parents, les enfants peuvent trouver le temps long. Autant le savoir de suite. Sur le bateau des mini conférences et des projections de vidéos sont programmées, pour connaître mieux encore ce monde subaquatique. On a calculé la probabilité de voir les crétacés et les grands dauphins, à savoir 98% de chance.

D'avril à octobre depuis Canet-en-R.
De juillet à août depuis Port-Vendres

10h depuis Canet-en-R.
5h depuis Port-Vendres

Départ depuis Canet-en-R. :
rdv le sam. à 8h30 (retour 19h)
Départ depuis Port-Vendres :
rdv lun. et mer. à 10h45 (retour 16h30)

Depuis Canet-en-R. : adulte : 82 €
de 5 - 11 ans : 57 € • ado : 68 €
Depuis Port-Vendres : adulte : 65 €
de 5 - 11 ans : 46 € • ado : 57 €

Canet : parking Bastia avant le port
Port-Vendres : quai Jean-Moulin
06 23 20 69 76 • 06 10 57 17 11
www.navivoile.com
contact@navivoile.com

La sortie de 10h est déconseillée pour les enfants de moins de 5 ans.

Le parc de Valmy et ses spectacles de rapaces

à partir de 2 ans

Argelès-sur-Mer

PARC GRATUIT

En approchant de Valmy, les plus imaginatifs penseront voir se dresser le château des contes pour enfants. Il est vrai que la demeure du type art nouveau (signée de l'architecte Petersen fin XIXe) a de quoi étonner. Ne rêvez pas, elle ne se visite pas, le château est privé. Mais, le parc ombragé et arboré ainsi que les dépendances attenantes sont publiques, propriétés de la commune d'Argelès-sur-Mer. On peut donc s'y promener. De par sa position en hauteur, le site permet de découvrir tout le paysage environnant, les contreforts du Canigou, les Albères et tout au fond, la mer. On peut y pique-niquer, et les plus petits pourront aussi profiter de l'aire de jeux aménagée par la commune.

Voir voler les aigles

Voilà plus de 20 ans que des fauconniers proposent dans le parc du château de Valmy un spectacle des plus envoutants. De nombreux oiseaux (une soixantaine d'espèces comme des aigles, hiboux, cigognes, chouettes et vautours sont présentées dans ce parc ornithologique), dont des aigles, vont vous surprendre en volant juste au-dessus de vos têtes et en présentant des photographies aériennes comme on a peu ou jamais l'occasion de découvrir. Le spectacle est agrémenté de musique, mais aussi d'explications sur l'univers de ces rapaces.

LE PARC

De mi-février à octobre

1h

D'oct. à avril : mer., WE, vac. scol. : de 10h à 18h
De mai à sept. : 7j/7 de 10h à 19h

Parc municipal de Valmy
chemin de Valmy • 04 68 95 34 28
asso@ville-argelessurmer.fr
www.argeles-sur-mer.com

LES SPECTACLES

D'avril à novembre

2 à 3 h

Avril, mai : mar., mer., jeu., dim., jrs fériés : 15h • juin : 14h30
Juillet, août : 14h30, 15h45, 16h45
Sept. à nov. : 15h

Adulte : 11 € • enfant : 7 €

04 68 81 67 32
aiglesdevalmy@live.fr
www.lesaiglesdevalmy.com

Boissons, glace.

Luna park

à partir de 2 ans

Argelès-sur-Mer

Une grande fête foraine d'un hectare qui va vous replonger dans les délices des manèges classiques aux plus modernes, des plus traditionnelles aux plus originaux. En tout, sur le site une quarantaine de manèges pour toute la famille, pour les plus petits et les ados, mais les parents eux aussi se laisseront embarquer dans la ronde des attractions. Il y a là la grande roue, des stands de tir, des autos tamponneuses, de la barbe à papa, des attractions à sensations fortes. Durant la saison, le parc propose des soirées à thèmes (tous les manèges à prix réduit, parade, soirées cadeaux...) surveillez le calendrier pour en savoir plus et profiter des aubaines. Le parc fonctionne depuis une quarantaine d'années, c'est dire si le succès est au rendez-vous ainsi que les clients. Les premiers amènent aujourd'hui leurs petits enfants...

Juillet, août

30 min à 2h

À partir de 2€

De 20h30 à 1h

Espace de loisirs, imp. Copernic
04 68 81 88 01
contact@luna-park-argeles.com
www.luna-park-argeles.com

Le parc accrobranche Leucate aventures

à partir de 2 ans

Port-Leucate (Aude)

Grand parc de loisirs avec de nombreuses activités pour tous les âges (les enfants de 2 ans ont même un parcours sécurisé rien que pour eux) et toutes les envies. Une dizaine de parcours d'accrobranches dans la pinède, avec des difficultés variées et progressives sont à votre disposition, avec même la possibilité d'en faire un en même temps que vos marmousets. Il y a aussi des tyroliennes pour les enfants à partir de 7 ans, et deux autres de 300 mètres de long (à partir de 8 ans). N'oublions pas les parcours sur rocher d'escalade, des aires de jeux, le restaurant panoramique...

D'avril à octobre

3h

De 9h à 19h

2 à 6 ans : 12 € • 7 à 11 ans : 18 €
+ 12 ans : 25 € • tyrolienne (300m) : 10 €
Aire de jeux Ouistiti : 3 € • rocher d'escalade : 5 € • Quick jump (+ 7 ans) : 7 €

Av. de la pinède • 06 10 04 58 50
www.leucate-aventures.com
leucate.aventures@wanadoo.fr

Restaurant.

L'espace de loisirs d'Argelès-sur-Mer

5 à 7 impasse Copernic, espace des Loisirs, plage Nord dir. St-Cyprien

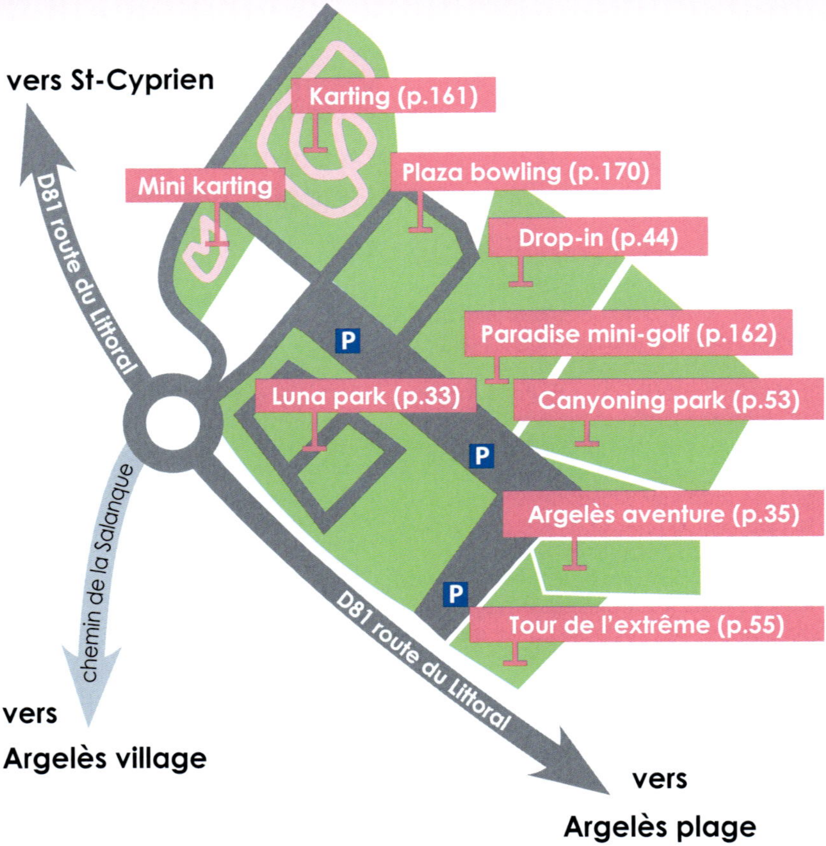

Vous pouvez rejoindre le site avec le petit train d'Argelès-sur-Mer

Le parc Argelès aventure

à partir de 2 ans*

Argelès-sur-Mer

Plusieurs parcs différents sont à découvrir sur la station d'Argelès-sur-Mer au sein de l'Espace de loisirs. Parmi ceux-ci, Argelès Aventure est un parc acrobatique dont les activités sportives sont accessibles dès 2 ans. Vous aurez le choix pour vous éclater, le site possède en effet une centaine d'ateliers (ponts de singe, tyroliennes, balançoires...) disséminés sur une douzaine de parcours acrobatiques forestiers plus ou moins hauts, avec bien entendu des niveaux de difficulté différents pour tous les âges et toutes les conditions physiques. À partir de 3 ans, les enfants évoluent en autonomie et en totale sécurité. Il y a même un canyon artificiel pour goûter les joies de cette pratique aquatique très prisée sans devoir crapahuter des heures dans la montagne à la recherche de la rivière torrentielle à descendre sur les fesses.

De février à début novembre

3h

Fév., mars : 7j/7 de 14h à 18h
D'avril à juin : 7j/7 de 10h à 19h
Juillet, août : 7j/7 de 10h à 20h
Autres périodes : consulter leur site internet

+12 ans : 24 €
5 - 11 ans : 19 €
Accrocabane (5 à 11 ans) : 10 €
Ouistiti (2 à 4 ans) : 10 €
1 adulte + 1 enfant : 41€
2 adulte + 2 enfant : 76 €

5 à 7 imp. Copernic *(voir plan ci-contre)*
04 68 95 41 66
www.argeles-aventures.com

Snack, aire de pique-nique.

** Pour les enfants de moins de 9 ans, un adulte pratiquant l'activité avec l'enfant est obligatoire.*

Les fêtes foraines

à partir de 2 ans

Saint-Cyprien, Port-Barcarès

On peut aussi se balader entre les manèges, les musiques, les lumières fluo et les effluves de gaufres et des pommes d'amour dans d'autres stations qui ont eu la bonne idée d'inviter les forains à installer leurs « métiers » durant l'été. On n'est pas à la foire du Trône, mais toutes les saveurs sucrées et salées y sont. Et comme l'accès à la fête est gratuit, on peut se laisser embarquer dans le tourbillon général sans à avoir à monter dans une attraction. Qui peut dire mieux ?

Juillet, août

30 min et plus

De 20h30 à minuit

À partir de 2€

SAINT-CYPRIEN

Parking du port, derrière l'Office de tourisme.

PORT-BARCARÈS

Route de St-Laurent
04 68 86 16 56
tourisme@lebarcares.fr
www.portbarcares.com

Trouvez les 15 animaux de la ferme

I	H	E	A	W	I	J	L	P	C	H	Q	T	J	I	O	U	K	K	I
N	S	R	Q	A	X	Y	Y	C	E	S	A	Y	O	N	Y	U	E	T	X
X	H	N	C	C	M	E	P	Z	B	H	R	R	M	X	E	E	H	E	M
O	V	D	G	H	Y	H	O	O	H	V	E	Y	X	O	F	A	J	P	Y
O	Y	A	K	È	E	X	U	W	U	Y	A	A	U	O	U	O	I	E	E
I	L	E	P	V	V	V	L	J	X	L	U	C	Z	I	H	T	I	U	V
I	N	H	I	R	E	X	A	Y	C	N	E	X	H	I	T	X	O	T	E
E	Y	Y	N	E	A	Z	I	L	Z	Y	E	G	B	E	J	M	J	N	A
X	S	C	T	V	O	D	N	U	L	S	B	I	Y	X	O	O	Q	O	O
A	E	A	A	A	T	B	H	C	X	E	C	Y	R	A	I	F	J	N	T
J	C	Y	D	N	E	U	I	U	D	C	N	O	A	J	J	L	B	Q	E
S	Y	U	E	A	A	V	J	O	N	Y	X	S	C	S	J	Y	T	J	A
H	X	C	O	Q	B	R	I	O	O	X	U	B	A	H	A	K	D	D	B
L	S	R	E	H	E	O	D	V	A	S	E	E	B	L	O	O	O	E	E
A	E	P	O	N	E	Y	U	A	B	E	I	N	N	A	J	N	I	Y	E
P	E	X	U	J	K	I	Y	C	E	E	G	S	Q	P	L	G	C	Y	K
M	H	E	A	W	I	J	L	P	C	H	Q	T	J	I	O	U	K	K	I
O	S	R	Q	A	X	Y	Y	C	E	S	A	Y	O	N	Y	U	E	T	X
F	H	A	O	Y	P	P	O	Q	C	H	I	E	N	R	E	F	I	O	P
L	N	C	C	M	E	P	Z	B	H	R	R	M	X	E	E	H	E	M	E
A	E	A	A	A	T	B	H	C	X	E	C	Y	R	A	I	F	J	N	T
J	C	Y	D	N	E	U	I	U	D	C	N	O	A	J	J	L	B	Q	E

Canard	Coq	Poney
Cheval	Lapin	Poulain
Chèvre	Mouton	Poule
Chien	Oie	Vache
Cochon	Pintade	Veau

Solutions p.109

L'anse de Paulilles

à partir de 2 ans

Port-Vendres

GRATUIT

Qui imaginerait que ce site très couru adossé aux contreforts des Albères accueillait entre 1870 et 1984 une usine à dynamite, succursale de la Maison Nobel, spécialiste dans le domaine. Mais l'anse de Paulilles, avant de devenir en 2008, grâce à l'implication du département, ce qu'elle est aujourd'hui, a longtemps été convoitée par les promoteurs qui voulaient installer dans cet endroit idyllique des marinas de luxe et un port pour yachts à milliardaires. Oublié tout cela, aujourd'hui le lieu totalement réhabilité n'a plus rien d'une friche industrielle, mais un espace à la disposition de tout le monde. On y découvrira ses petites plages, ses espaces verts, ses aménagements inspirés de l'ancienne fonction du site, et même l'atelier de restauration des barques catalanes.

De janvier à octobre 7j/7

De 1h à la journée

Visites guidées sur l'histoire, la nature et la découverte : 10h30, 14h30 et 16h (départ depuis la Maison du site)

Site de Paulilles, RD 914
04 68 95 23 40
accueilpaulilles@cd66.fr

Buvette (de mai à oct.), vente de boissons et de friandises.

La base nautique du Parroudé

à partir de 2 ans

Torreilles

Le village de Torreilles a toujours misé sur son image d'authenticité, de nature et de site non bétonné, chose assez rare sur le littoral. Sur la commune on a préservé en effet des espaces vierges où faune et flore peuvent se développer sans contrainte, sans pesticide, sans agression d'aucune sorte. Ce qui n'empêche pas des activités de loisir, mais avec à chaque fois ce parfum de nature de calme et de respect de l'environnement. À la base nautique du Parroudé, on propose des pratiques libres ou encadrées de canoë, du paddle, ou de kayak entre la rivière et la mer au milieu des zones préservées.

De mai à septembre

2 à 4h

Mai, juin, sept. : WE de 10h à 19h
Juillet, août : de 10h à 20h

Adulte : 10 €/2h • de 13 à 17 ans : 8 €/2h • de 3 à 12 ans 6 €/2h

Rive du Bourdigou
06 52 87 99 06 • www.canoe-torreilles.fr
basenautiqueduparroude@gmail.com

Le jet-ski en bassin

à partir de 3 ans

Torreilles

Véritable moto ou scooter des mers le jet-ski a séduit depuis plusieurs années les amateurs de sensations fortes sur mer calme. De nombreux prestataires offrent la possibilité aux adultes de s'essayer sur ces petits monstres des mers, même sans permis bateau.

Pour les enfants un circuit a été spécialement aménagé et sécurisé pour eux dans un bassin de 1500 m² avec une profondeur de 50 cm. L'idéal pour l'initiation. Sur terre cette fois, vous trouverez un circuit de 50 m de longueur, sur lequel les tout petits (à partir de 3 ans) peuvent piloter (sous la surveillance des parents) des mini-véhicules électriques (12 volts).

D'avril à novembre

1h

Juillet, août : 7j/7 de 10h à 20h
Hors saison estivale : mer., WE, jrs fériés et vac. scol. : de 14h à 18h

Système de jetons :
de 2 €/jeton à 28 €/20 jetons

Las Routes
04 68 86 18 49 • www.circuit-jet-ski.com
contact@circuit-jet-ski.com

Snack.

Aqualand

à partir de 3 ans

Saint-Cyprien

Pour les amateurs de sensations aquatiques l'Aqualand de St-Cyprien propose des toboggans, montagnes russes, diverses rivières dans lesquelles on glisse avec des bouées, des bains à bulles, le tout au milieu d'une végétation très fournie. De quoi ravir les petits et les grands, chacun trouvera l'attraction douce ou forte qui lui convient. Sur le site également, de quoi se restaurer, ou même se reposer entre deux descentes endiablées au milieu des jets d'eau. Très fréquenté quand la météo n'est pas au beau fixe, la plage étant désertée au profit du parc.

De juin à septembre 7j/7

2 à 3h

De 10h à 18h (19h en juillet, août)

Adulte : 28 € • de 5 à 10 ans : 20,50 €
de 3 à 4 ans : 10 €

Quartier des Capellans, av. des champs de Neptune
04 68 21 49 49
www.aqualand.fr/saint-cyprien

Bar, restaurant.

Le téléski nautique et le wakebord

à partir de 3 ans

Port-Barcarès

Plus besoin d'un hors-bord survitaminé pour pratiquer le ski nautique. Dans le département, plusieurs structures de téléski nautique se sont créées en eau de mer ou en eau douce. Il s'agit d'un câble de plusieurs centaines de mètres tendu en boucle entre plusieurs pylônes au-dessus de la surface de l'eau, avec des perches sur lesquelles on s'accroche. Un lointain cousin du tire-fesses, mais à plat. Un gros moteur électrique (pas de fumée d'échappement, pas de bruit, pas de pollution) va entrainer alors les pratiquants sur la surface de l'eau à une trentaine de kilomètres-heure. C'est du rapide. Puis une fois que le pratiquant a maîtrisé les quelques techniques d'équilibre, il peut se mesurer aux divers obstacles qui jalonnent aussi le circuit. Et là, ce ne sont plus que des sauts, des envols, des réceptions en douceur et autres figures aériennes.

D'avril à octobre

2h

D'avril à fin juin : de 10h à 13h et de 14h à 17h30 (combinaison fournie)
Juillet, août : de 8h à 19h • sept., oct. : de 10h à 13h et de 14h à 17h30

20 €/h

Kum Wake Park
Parc des Dosses (sortie 15)
04 68 86 23 45 • www.teleskibarcares.com
infos@teleskibarcares.com

Espace enfants pour les 1-3 ans, avec une cabane, jeux, toboggan, bac à sable de 15m².

Le club Wake 66 initie les enfants dès 3 ans aux premières glisses.

Le parc naturel des Dosses

à partir de 4 ans

Port-Barcarès

GRATUIT

Toute l'année

2 à 3h

Sortie 15 RD83

Visites guidées uniquement l'été et sur réservation : 06 70 48 91 89

Zone naturelle protégée, le parc des Dosses représente 150 ha d'espace vierge de toute construction le long de la lagune entre Salses et Leucate. Les véhicules sont interdits ce qui permet une balade en toute tranquillité face à l'étang, avec devant soi la chaîne des Corbières et le massif du Canigou. Les amateurs d'ornithologie et de botanique auront de quoi satisfaire leur curiosité, on y a recensé 200 espèces végétales et 50 espèces d'oiseaux qui ont trouvé ici un havre de tranquillité et de paix. Un sentier d'interprétation donne, sur deux kilomètres de promenade, la possibilité de comprendre et d'apprécier la biodiversité du site. Celui-ci est typique de la Méditerranée, un peu aride un peu sec, mais si attachant.

Vous avez également la possibilité d'effectuer une visite guidée gratuite où les petits pourront effectuer une pêche à l'épuisette ou encore participer à l'atelier «5 sens», je ne vous en dis pas plus...

Le parc aquatique Hawaï surfing

à partir de 4 ans

Saint-Cyprien

Attenant au golf international de Saint-Cyprien cette petite base nautique installée sur le plan d'eau propose des activités diverses destinées aux plus jeunes. Les adultes sont aussi les bienvenus, on aura pour eux des choses à leur proposer et de l'adrénaline à faire monter. On peut y pratiquer des activités aussi diverses que le ski nautique, la planche à voile, le surf, le catamaran, voire aussi la bouée tractée.

D'avril à novembre
(fermé les 1er nov., 1er janv. et 25 déc.)

De 15 min à 3h

Juillet, août : de 9h à 20h
Hors saison estivale : sur réservation

Baby ski nautique 4-6 ans : 12 €
Ski nautique 7-13 ans 16 €/15min
Wakeboard adulte : 34 €/15min
Bouée tractée (3 places) : 15 €/pers

Les stages :
Multiglisse (4-9 ans) : catamaran, ski nautique, bouée tractée : 190 €
du lundi au vendredi de 14h à 17h

Multiglisse (10-17 ans) : planche à voile, ski nautique, wakeboard, bouée tractée : 200 €
du lundi au vendredi de 9h à 12h

Base nautique du golf
rue Jouy d'Arnaud
04 68 21 08 34 • 06 70 27 75 96 • 09 74 56 32 18
madouxpatrice@hotmail.fr
www.plandeaudugolf.fr

Bar, restaurant.

Le parc à tyroliennes by Acrovertige

à partir de 4 ans

Torreilles

On a regroupé ici toute une série de tyroliennes et parcours plus ou moins acrobatiques avec des hauteurs, des vitesses et des techniques toutes différentes et adaptées à tous les âges. On commencera à monter sur les cordes et s'accrocher dans le vide à partir de 4 ans. Chaque tranche d'âge a son espace d'évolution propre, adapté en fonction des générations. Filets, cordes à nœuds, balançoires, saut dans le vide sont au programme. Il y a même un mur d'escalade qui atteint 12 mètres de haut. Un bon entraînement pour les alpinistes en herbe et aussi pour les parents qui voudraient savoir maitriser leur vertige.

D'avril à octobre

2 à 3h

Juillet, août : 7j/7 de 10h à minuit
Hors saison estivale : WE et jrs fériés de 14h à 18h • vac. scol. : 7j/7

Enfants (-1m30) : 12 € • (-1m50) : 16 €
(+1m50) : 20 €

Zone de loisirs, lieu-dit Les Rôtes
06 73 89 38 64 • 06 61 67 95 29
acrovertige@gmail.com
www.acrovertige.com

Le parc aquatique Frenzy palace water jump

à partir de 5 ans

Torreilles

Sous ce nom qui sonne bon les délires anglo-saxons se cache un parc d'attraction débordant d'animations très spectaculaires à essayer sans retenue. Si vous aimez les glissades, et si pour vous les toboggans ne sont jamais ni assez grands ni assez spectaculaires, vous allez être servis. Il y a là une vingtaine de rampes à pratiquer, sur les fesses, sur le corps, en bouée, en BMX, en skate, et j'en passe. Et bien entendu la réception se fait dans l'eau ou sur un airbag surdimensionné avec ou sans final acrobatique, histoire d'épater la galerie et de susciter les applaudissements du public qui admire les exploits des amateurs. À vous le grand saut, le grand plouf.

D'avril à septembre 7j/7

De 2h à la journée

D'avril à fin juin : de 14h à 19h
Juillet, août : de 10h à 00h
Sept. : de 14h à 19h

Adulte : 20 €/h • 30 €/2h • 45 €/jr
Enfant : 10 €/h • 17 €/2h • 35 €/jr

AS 169 Lieu-dit les Rôtes
06 70 51 89 90
gemble.mathieu@orange.fr

Bar, snack, restaurant.

Le parachutisme ascensionnel

à partir de 5 ans

Si en général un parachute est destiné à descendre, il peut aussi faire l'inverse. Le parachute ascensionnel reprend les codes et la voile de son cousin classique, mais il s'est accroché à un bateau. L'activité consiste donc à se laisser tracter par un hors-bord, et vous voilà élevé dans les airs jusqu'à 50 mètres de hauteur, avec comme point de vue imprenable tout le littoral à 360 degrés sous vos yeux et sous vos jambes. Vous n'avez rien à faire, juste savourer l'adrénaline qui monte qui monte, et le panorama qui défile, qui défile. La sensation est unique, on se prend rapidement pour le prince des airs, surplombant les plus beaux paysages locaux dans un silence où seul le vent vient chatouiller vos oreilles. La mise en route de la pratique du parachute ascensionnel est assez simple, un briefing pour commencer et on vous équipera d'un harnais et d'un gilet de sauvetage, bien que vous deviez impérativement savoir nager. Assis sur le rebord d'une plateforme, le bateau devant vous va se mettre à tirer le câble et en quelques secondes vous devenez un oiseau. La descente est tout aussi douce, sans encombre vous retrouverez la mer de la pointe de vos pieds grâce à un treuil électrique.

Le vol peut se faire en solo comme à plusieurs. Le poids de tous les participants ne doit pas excéder 160kg.

De juin à septembre

10 à 15 min

À partir de 55 €

Liste des professionnels spécialisés p.174.

La planche à voile

à partir de 5 ans

C'est vrai que la planche à voile est un peu passée de mode, doublée par les autres activités, se pratiquant sur l'eau, entrainée par le vent. Mais la planche reste une bonne approche pour se balader à la force des bras emporté par les airs sur un plan d'eau plus ou moins calme. Pour être dans le coup on peut aussi parler de « windsurf », c'est à peu près la même chose, mais en plus moderne. Le littoral permet de s'essayer à l'aventure, l'incontournable spot est certainement celui de l'étang entre Port-Barcarès et Leucate. C'est ici, dans le couloir de la tramontane, à l'abri des soubresauts de la mer qu'ont été battus de nombreux records de vitesse. C'est, dit-on, le plan d'eau intérieur le plus venté de France. Sinon, plusieurs plans d'eau douce autorisent les véliplanchistes à s'adonner sur leurs sites comme à Vinça, Villeneuve-de-la-Raho, le lac de Puyvalador ou celui de Matemale. Attention, dans les lacs les pratiques nautiques peuvent être limitées ou voire interdites à certaines périodes de l'année, pour différentes raisons. Se renseigner toujours auprès des autorités pour connaître les possibilités de mettre sa planche, pardon, son windsurf, à l'eau.

UN DÉPARTEMENT IDÉAL POUR DECOUVRIR LA PLANCHE À VOILE !

De juin à septembre

De 17 à 22 €/h

En plus de la mer, voici quelques plans d'eau où vous pouvez aussi pratiquer la planche à voile :

- le grand lac de Villeneuve-de-la-Raho
- l'étang de Leucate
- le lac de Puyvalador
- le lac de Matemale

Des pros pour vous former : voir p.177

LE SAVIEZ-VOUS ?

Vous vous en êtes peut-être déjà rendu compte, mais les Pyrénées-Orientales sont sujettes au vent. À tout seigneur, tout honneur, le vent principal est bien entendu la Tramontane (et non « TramontaGne » comme on l'entend parfois dans la bouche des estivants). De secteur ouest à nord-ouest il sert de grand nettoyeur de nuages. Quand la «Tram» souffle, les nuages se font la malle. Il y a aussi le vent marin (sud-est) qui apporte avec lui l'humidité, et plus souvent la pluie. N'oublions pas le vent chaud d'Espagne. Remarquez en passant que « Tramontane » est le seul vent de genre orthographique féminin. Étonnant non ?

Adrénaline

Le parc aquatique Water jump parc Drop-in

à partir de 5 ans

Argelès-sur-Mer

Ouvert à Argelès en 2017, le « Water jump parc Drop-in » vient compléter l'offre sportivo ludique du grand parc de la station. Le parc Drop-in, lui, est une base de loisirs axée sport extrême et sport de spectacle. Pour le spectacle vous disposez de plusieurs toboggans géants, très géants puisqu'ils montent à plus de 15 m de hauteur pour finir dans l'eau. Sensations garanties et adrénaline à forte dose. Pour les dévaler vous aurez à votre disposition plusieurs « supports » de glisse comme des bouées pour les enfants, les adultes, seul ou en binôme, des bodyboards, roller... On a le choix ! Tout comme les pistes, et les tremplins, tous avec des noms venus d'outre-Atlantique. Il vous faudra donc réviser votre anglais pour prononcer correctement : Drop-in Tracks, Donuts, Crazy Slide, Crazy Jump... Pas moins de 18 pistes vous accueillent, de quoi faire le spectacle devant vos amis. Les ados sont les plus friands de ces évolutions aquatiques aux allures hawaïennes.

D'avril à septembre

De 2h à la journée

D'avril à juin : 7j/7 de 12h à 18h
Juillet, août : 7j/7 de 10h à 20h
1re quinzaine de sept. : 7j/7 de 10h à 19h
2e quinzaine de sept. : mer. et WE : de 14h à 18h

26 €/2h (-12 ans : 19 €)
35 €/jr (-12 ans : 26 €)
2 adultes + 2 enfants (5-11 ans) : 106 €

7 imp. Copernic
04 68 95 41 66
argeles@dropinwaterjump.fr
www.dropinwaterjump.fr

Bar, snack, aire de pique-nique.

Voir aussi le Drop-in à Err en Cerdagne p.120.

Le sentier du littoral

à partir de 5 ans

GRATUIT

Argelès-sur-Mer, Collioure

Voilà une belle randonnée à faire le long de la mer, loin des embouteillages. Le sentier du littoral va vous mener d'Argelès-sur-Mer à Port-Vendres et même Banyuls en passant par le petit port des plus typiques : Collioure. Le Racou est le point de départ. Vous allez passer de la côte sableuse, à la côte rocheuse, c'est dire si les paysages traversés sont des plus somptueux. Le sentier quelque peu escarpé est en partie accroché à la corniche et vous donne à voir, à admirer la mer, mariée pour toujours à la montagne qui y plonge en formant de belles petites criques inconnues des automobilistes. Le long du sentier de nombreux points sont prévus pour reprendre son souffle, pour se laisser enivrer par les paysages naturels et ceux que la main de l'Homme a façonné tout au long des siècles. Ici le Fort Saint-Elme, là le Château royal, là encore au loin la tour Madeloc qui servait à envoyer des signaux à l'époque où le téléphone n'était pas encore inventé. Les enfants peuvent accompagner les parents sur cette belle balade, mais la prudence est toujours de mise, surtout si la tramontane est au programme ou même le vent marin. Dernière chose, oubliez les tongs et autres sandales de plage, les chaussures de marche sont vivement recommandées. Le dénivelé n'a rien d'insurmontable, suivez les marques jaunes, et prévoyez quand même au moins trois heures pour parcourir les dix petits kilomètres du sentier.

D'avril à octobre

2 à 3h

Départ du sentier au niveau de la plage du Racou à Argelès-sur-Mer.

Essayez la bouée tractée

à partir de 7 ans

Une activité nouvelle dans le domaine des sports nautiques. La bouée tractée est un sport qui vous demandera seulement le sens de l'équilibre, car l'effort nécessaire pour pratiquer, est uniquement fourni par le bateau à moteur qui, justement, va vous tracter à 50 km/h sur la mer ou l'étang. Si la vitesse ne vous semble pas excessive, suspendez encore un peu votre jugement, il se peut que vous soyez surpris. Les bouées sont de différentes tailles et de style, on en trouve en forme de banane, ou de canapé, qui peuvent embarquer entre 2 et 8 personnes. Un peu comme le ski nautique, vous allez être emporté à la vitesse du bateau sur la mer, avec des décollages et des sauts de vagues genre rodéo aquatique. Et même à 50 km/h ça décolle. Les remous engendrés par le moteur du bateau seront alors de véritables petites montagnes russes sur lesquelles vous allez rebondir, rebondir, rebondir à l'infini.

Les bouées, quelles que soit leurs formes (il en existe en forme de pizza !) et leurs capacités, procurent surtout une impression de vitesse démultipliée par votre proximité avec la surface de l'eau.

D'avril à octobre

15 à 20 min

À partir de 15 €

Liste des professionnels spécialisés p.182

Le Water tag

à partir de 6 ans

Argelès-sur-Mer

NOUVEAUTÉ !

Les jeux guerriers vous plaisent ? Que diriez-vous de vous mesurer à vos adversaires munis de fusils à eau. Ils sont tout spécialement conçus pour cet exercice d'affrontement appelé Water tag. Vous serez alors revêtu de gilet absorbant. Ce matériel peut même être loué à la journée pour des pratiques « hors cadre ».

D'avril à septembre

1h

Sur réservation

À partir de 10 €

Route de Taxo à la Mer
(à côté du restaurant Are Y Sem)
06 64 39 62 36 • www.battlearchery.fr
contact@battlearchery.fr

Fraîcheur

Le sentier sous-marin de la réserve marine de Cerbère-Banyuls

à partir de 7 ans

GRATUIT

Cerbère, Banyuls-sur-Mer

On appelle cela une randonnée aquatique. Le sentier sous-marin de Banyuls-Cerbère propose une visite originale à la découverte des fonds sous-marins in vivo. Tout commence sur la plage de Peyrefite, où le visiteur se met à l'eau au sens propre du terme. En effet, ce sentier inclus dans la réserve sous-marine protégée, se parcourt en nageant à la surface de la mer. Mais pour pouvoir apprécier et comprendre ce que vous allez voir à travers votre masque, un système particulier permet aux commentaires d'être diffusés à travers un tuba FM. Chacun trouvera son plaisir, l'idée étant de proposer en même temps un parcours ludique, et une balade aquatique à la découverte de la faune et la flore sous-marine, la biodiversité méditerranéenne.

Le sentier, long de 250 mètres, est divisé en cinq stations différentes, des panneaux d'information immergés sont là aussi pour vous renseigner.

Question sécurité, une ligne d'eau et une main courante autour des bouées sont toujours à portée des visiteurs, ils peuvent, s'ils le désirent, s'y accrocher et se reposer un temps sans devoir nager. Sachez aussi que le périmètre du sentier est surveillé par des maîtres-nageurs pendant les heures d'ouverture.

Juillet, août 7j/7

30 min à 1h

De 12h à 18h • fin des locations : 17h

Location : palmes + masque + tuba FM : 7 € • palmes + masque + tuba (classique) : 5 € • tuba FM (l'unité) : 5 € matériel dépareillé : 2 €

Vente : plaquettes 5 €, jeux des 7 familles 6 €, guides pour l'exploration des sites de plongée 20 €.

Plage de Peyrefite
04 68 54 91 85 • 04 68 88 09 11
otcerbere@wanadoo.fr
www.ledepartement66.fr/136-le-sentier-sous-marin-entierement-commente-grace-au-tuba-fm.htm

Le kayak de mer

à partir de 8 ans

La frustration de ne pouvoir accéder aux criques, aux falaises, aux grottes dissimulées dans les méandres de la côte rocheuse est grande pour ceux qui ne peuvent les contempler que de loin, qu'à partir de la route. Mais pour eux, et pour tous les autres, le kayak de mer permet une découverte et une exploration de tous ces trésors protégés. Entre Le Racou et le Cap Cerbère, ces coins cachés ne manquent pas, et sont en général très peu fréquentés, car inaccessibles autrement que par la mer. Le kayak de mer est une embarcation stable souvent biplace pouvant ainsi embarquer avec soi son conjoint ou son enfant. Vous pourrez faire des haltes pour vous baigner, tenter une exploration sous-marine avec masque et tuba, ou pour convenir d'une pause casse-croute loin des circuits sur fréquentés et des plages encombrées de parasols et de crème à bronzer. Il existe aussi des circuits thématiques, axés sur la faune et la flore locale, ou encore celui des plus romantiques qui vous propose d'admirer de la mer, le coucher du soleil. Vous pouvez aussi opter pour une location simple sans accompagnateur.

De mai à septembre

À partir de 8 €/h

Où louer un kayak : voir p.176

Le paddle

à partir de 8 ans

Après le boom de la planche à voile, du surf, du windsurf, voici le paddle. Ou plutôt le « stand-up paddle », une planche de surf, sur laquelle on tient debout. Quoi de plus simple, que de plus dépouillé ? Vous êtes donc debout sur ladite planche et à l'aide d'une longue pagaie vous évoluez sur l'eau. Inutile d'attendre une vague, ce n'est pas du surf. L'énergie de vos bras sera votre moteur. Vos premiers pas en paddle seront bien entendu agrémentés de plongeons involontaires, mais assez rapidement vous aurez compris le principe fondamental de l'équilibre et vous pourrez alors vous balader comme si vous marchiez sur les eaux. Vous pourrez découvrir aisément les petites criques de la côte rocheuse ou longer tranquillement les plages. La pratique du paddle est aussi un bon moyen pour vous muscler et sculpter vos fessiers par exemple. On peut aussi pratiquer cette discipline sur rivière.

De mai à septembre

À partir de 13 €/h

Où louer un paddle : voir p.176

Le kitesurf

à partir de 8 ans

Une discipline née il y a quelques années et qui séduit de plus en plus d'adeptes avides de sensations fortes. L'idée est assez simple, se faire tracter par un cerf-volant debout sur une planche de surf. Évidemment, la pratique est un peu plus sophistiquée que le principe lui-même. Il existe plusieurs sortes de voile, de planches, de techniques. Car malgré tout, le kitesurf n'est pas une discipline sans danger si elle est mal pratiquée. C'est pourquoi si vous démarrez dans le mariage cerf-volant surf, ne partez pas la fleur au fusil, rapprochez-vous des prestataires professionnels. Une garantie de sérieux et de sécurité. Et une fois bien briefé, une fois vos gestes techniques parfaitement maitrisés, à vous les prises de vitesse à ras les vagues le tout sans moteur avec le vent comme seul carburant. Et du vent dans le département ce n'est pas ce qui manque.

De mai à septembre

À partir de 60 €/la demi-journée

Des pros pour vous former : p.176

Baptême de plongée sous-marine

à partir de 8 ans

ILS VONT ADORER !

Avec son littoral étendu et riche, avec sa réserve marine de Banyuls-Cerbère très poissonneuse, les plongeurs en bouteilles sont ici aux anges. Que ce soit sur la côte sablonneuse ou dans les criques rocheuses, ils sont dans leur élément, au milieu des poissons les plus divers et même parfois sur des épaves échouées au large depuis des lustres. L'eau est transparente, la lumière filtre jusqu'à des dizaines de mètres de profondeur. Les plongeurs éloignés de la mer et qui ont l'habitude de pratiquer en piscine ou dans des carrières ne vont pas reconnaître leur sport favori. Et ceux qui n'ont jamais osé endosser des bouteilles d'oxygène seront éblouis pour des années. Des vocations de plongeurs peuvent naitre dans un Zodiac comme elles sont nées pour beaucoup en regardant Le Grand bleu au cinéma dans les années quatre-vingt-dix. Mais ici, on a en plus le goût du sel sur les lèvres et le contact du néoprène sur le corps. Et ça, on ne le trouve pas dans un monde virtuel. Et ça, ça change tout.

Si votre enfant à plus de 7 ans offrez-lui un baptême dans l'aquarium de la Méditerranée catalane (la profondeur de la plongée n'excède pas 6 mètres).

Les baptêmes sont accessibles sans certificat médical.

De nombreux clubs locaux proposent des initiations, des baptêmes, ou des séances de perfectionnement avec des moniteurs agréés. Le monde subaquatique est à votre portée quasiment toute l'année.

Et l'hiver, au lac de Balcère en Cerdagne, vous pourrez aussi (dès 16 ans) tenter une expérience unique, la plongée sous la glace (voir p.148).

D'avril à octobre

15 à 30 min (pour un baptême)

À partir de 40 € (pour un baptême)

Liste des professionnels spécialisés p.178

Le char à voile

à partir de 8 ans

La Franqui (Aude)

Couché au ras du sol, façon karting, vous voilà emporté à une vitesse qui va rapidement vous sembler phénoménale. Et tout ça sans moteur sans hélice, sans gaz d'échappement, sans recharge de batterie. Juste du vent. C'est le miracle du char à voile. On peut pratiquer cette activité (connue surtout sur les lieux mythiques de la Normandie ou dans la baie du mont Saint-Michel) sur différentes plages de l'Aude. Il faut qu'elles soient bien plates, avec du sable assez dur à perte de vue et que les bronzeurs, joueurs de jokari et les lanceurs de frisbee ne soient pas légion. Il faut aussi un minimum de vent, mais dans la région ce n'est pas ce qui manque. Tout est réuni pour que votre terrain de jeu soit bien dégagé. Attention, pour maitriser au mieux l'engin, qui n'est ni un vélo ni un skateboard, mais bien un char, il faut avant tout prendre quelques cours. Une initiation indispensable afin de ne pas faire renverser votre char au premier virage ni entrer en collision avec les autres pratiquants tout aussi novices que vous ou les pros qui foncent à toute allure.

Différentes écoles vont pouvoir vous mettre le pied à l'étrier et vous enseigner les rudiments du tricycle et le maniement de la voile pour atteindre votre vitesse de croisière. L'alliance du sable fin, de la mer, les surfeurs en fond d'écran et la tramontane comme moteur, voilà le cocktail idéal pour faire du char à voile l'activité sportive de vos vacances. Les enfants ne seront pas les seuls à en redemander.

D'avril à novembre

Séance de 30 min

Uniquement sur réservation

Séance découverte :
à partir de 12 €/30 min

Stage famille : 130 €
Stage enfant (dès 8 ans) : 116 €
Un stage = 7h30 de roulage
Location sous certaines conditions :
Char monoplace : à partir de 64 €/5h
Char biplace : 112 €/5h

Cercle de voile du Cap Leucate
Les Coussoules
06 62 24 01 01 • www.cercledevoile.com
contact.char@cercledevoile.com

Prévoir des chaussures fermées type basket (obligatoire), des gants, un coupe-vent, des lunettes de soleil. Le matériel de roulage et de sécurité (casque) est fourni.

Le Cercle de voile du Cap c'est aussi :

• **La base de la Marina** à Leucate où vous pourrez louer paddle et planche à voile, suivre des stages de voile (6-10 ans), de planche à voile (8-12 ans) et de catamaran (9-13 ans)

av. de la Pinède
04 68 40 72 66
contact.voile@cercledevoile.com

• **Le stade de glisse** à Port-Barcarès pour le kite et le funboard

contact.kite@cercledevoile.com
04 68 28 43 95

La Boussole live escape game

à partir de 8 ans

Canet-en-Roussillon

Un nouveau concept de jeux venu du Japon, pour les amateurs d'expériences nouvelles et originales. Vous allez vous retrouver dans un espace clos avec comme mission de sortir du lieu en résolvant des énigmes. On le fait en groupe en développant son sens du collectif. Enfermés entre 3 et 6 joueurs avec devant vous une heure, ni plus ni moins, il va vous falloir trouver la solution de l'évasion, il y aura donc des chefs de patrouille, des suiveurs, des trainards et des fonceurs. La psychologie de chacun sera mise en exergue, c'est là un des intérêts du jeu, mettre à nu les caractères pour mieux les comprendre et les appréhender. Pour corser le tout, vous avez plusieurs univers avec des thèmes différents, cyberattaque, recherche de l'Élixir de Jouvence, fin du monde, l'ensemble avec plein d'intrigues et d'atmosphères propres. À vous maintenant de résoudre les énigmes, éviter les pièges, trouver des solutions et maitriser l'équipe pour réussir à vous échapper tous ensemble. L'esprit d'équipe est la base même du concept dans lequel bien entendu les claustrophobes ne seront pas, mais vraiment pas à l'aise. Mais pour les autres, l'expérience sera des plus intéressantes.

Toute l'année sur réservation

1h30

3 joueurs : 23 € • 4 joueurs : 21 €
5 joueurs : 19 € • 6 joueurs : 17 €

13 bd Las Bigues
04 34 10 35 07 • 06 87 52 60 14
contact@laboussole-game.fr
www.laboussole-game.fr

** Les enfants entre 8 à 14 ans doivent être accompagnés d'au moins 2 adultes.*

TESTEZ LES CONNAISSANCES DE VOS PARENTS SUR LES PYRÉNÉES-ORIENTALES

1 / Quelle est le plus haut sommet du département ?
- *Le pic du Canigou*
- *Le pic Carlit*
- *Le pic du Madrès*

2 / Dans quelle ville se déroule le festival de musique Pablo Casals ?
- *Rivesaltes*
- *Thuir*
- *Prades*

3 / Comment s'appelle l'orchestre qui joue la sardane ?
- *Le Gobelet*
- *La Cobla*
- *La Tordi*

4 / Le Village de Collioure est connu pour être :
- *Le paradis des peintres*
- *Le paradis des pêcheurs*
- *Le paradis des surfeurs*

5 / Qu'est-ce que la Trobada ?
- *Une danse*
- *Une recette*
- *Un rassemblement au sommet du Canigou*

6 / Combien de litres contient la plus grande cuve en chêne du monde à Thuir ?
- *1 000 000 litres*
- *1 000 000 000 litres*
- *100 000 litres*

(visite des caves Byrrh voir p.21)

7 / Où se situe la fabrique de Vigatanes (espadrilles catalanes)
- *Prats-de-Mollo*
- *Amélie-les-Bains*
- *Saint-Laurent-de-Cerdans*

8 / Que disait Salvador Dalí à propos de la gare de Perpignan ?
- *C'est son principal lieu d'inspiration*
- *C'est le centre du monde*
- *C'est la gare du soleil*

9 / Quelle est la commune située le plus au sud de la France continentale ?
- *Lamanère*
- *Cerbère*
- *Las Illas*

10 / Du minerai de fer des mines du massif du Canigou a été utilisé pour forger :
- *La grille du Jardin du Luxembourg*
- *La grille du Palais de l'Élysée*
- *La grille du château de Versailles*

(voir le musée de la mine p.102)

11 / Quelles sont les gorges les plus étroites du monde ?
- *Les gorges de Galamus (voir p.66)*
- *Les gorges de la Carança (voir p.104)*
- *Les gorges de la Fou (voir p.79)*

12 / Qu'est ce que le Touron ?
- *Un biscuit catalan*
- *La coiffe traditionnelle des Catalans*
- *La barque de pêche catalane*

13 / Dans quelle village se déroule chaque année en été le concours international de chiens de berger ?
- *Font-Romeu*
- *Osséja*
- *Mantet*

14 / Quel est le plus grand barrage du département ?
- *Le barrage de Vinça*
- *Le barrage des Bouillouses*
- *Le barrage de Caramany*

15/ Quel évènement a lieu chaque année en septembre à Perpignan ?
- *Le festival international de littérature*
- *Le concours international des jeunes pianistes*
- *Le festival international de photo-journalisme*

Solutions p.108

Le parc Iguana house

à partir de 8 ans

Torreilles

Plusieurs activités, plusieurs mondes presque sur ce site. Il y a d'abord une serre tropicale avec de nombreuses espèces végétales (bananiers, cannes à sucre, plantes aromatiques...) qui se développent à la chaleur du Roussillon. Il y a aussi des iguanes et des caméléons, ces reptiles aux allures étranges et, il faut le dire, fascinantes. D'où le nom de ce jardin botanique. Mais il y a aussi un « escape game », ces jeux très tendance dans lesquels vous devez vous évader. Chaque escape game a son style et son univers, on ne sera pas surpris d'être plongé ici dans une jungle tropicale. En équipe, en répondant à des questions, en faisant jouer ses méninges et son sens de l'observation, il va falloir que vous trouviez la sortie. Dans un laps de temps limité bien entendu. Mais le site c'est aussi la possibilité de mesurer son adresse au tir. Pour ce faire, on vous munira d'un pistolet un peu spécial, un engin qui expédie des billes de gelée (biodégradables) sur des cibles disséminées dans un univers toujours inspiré des tropiques. Un stand de tir original à pratiquer seul, mais c'est toujours plus fun de le faire en équipe et de se mesurer les uns aux autres.

Toute l'année

2h

Juillet, août : de 10h à 12h et de 15h à 18h • hors saison estivale : mer. et WE de 14h à 17h

adulte : 6 € • de 3 à 12 ans : 4 €
-3 ans : gratuit

Chemin de l'Aranal
07 89 29 34 70 • 06 69 33 69 07
iguanahouse66@gmail.com
www.iguanahouse.fr

Le Canyoning park

Unique

à partir de 10 ans

Argelès-sur-Mer

La pratique du canyoning fut une mode avant de devenir une véritable activité pratiquée par de plus en plus de fans. Le département en propose d'ailleurs plusieurs. Mais les contraintes sont nombreuses, et un certain nombre d'amateurs hésitent à se lancer dans les rivières tempétueuses à la recherche de sensations. C'est pourquoi on a inventé un « canyoning park », qui permet de s'essayer à l'activité, de plonger dans le canyoning en toute sécurité, avec les mêmes sensations, mais en milieu artificiel. Ce parc, le premier du genre au monde, propose des sauts de 3 à 7 mètres, des toboggans de roche, des piscines, des marmites, des descentes en rappel, une rivière souterraine, une tyrolienne, bref, tout ce que l'on trouve en milieu naturel. Bien entendu, l'équipement est fourni sur place et des moniteurs agréés sont là pour assurer la sécurité de l'activité.

D'avril à septembre

2h

D'avril à juin : 7j/7 de 10h à 19h
Juillet, août : 7j/7 de 10h à 20h
Sept. : mer. et WE de 14h à 18h

+12 ans : 30 € • de 10 à 12 ans : 26 €

7 imp. Copernic (voir plan p.34)
04 68 95 41 66
www.canyoning-park.com

Bar, snack.

Accès gratuit pour les visiteurs à la terrasse panoramique.

Nous vous conseillons de réserver au préalable surtout en haute saison.

Toute l'année

1h ou plus

Sur réservation

À partir de 10 €

Route de Taxo à la Mer
à côté du restaurant Are Y Sem
06 64 39 62 36 • www.battlearchery.fr
contact@battlearchery.fr

Battle archery, le paint-ball avec des arcs

à partir de 10 ans

Argelès-sur-Mer

Les amateurs de jeux d'affrontement connaissent le paintball, qu'il soit avec des billes de peinture, ou des armes laser. Ils vont certainement apprécier le Battle archery. Sous ce nom anglo-saxon se cache une activité de jeux de bataille non plus avec des armes d'aujourd'hui mais avec des arcs et des flèches. Rassurez-vous cette activiré est sans douleur et sans bleus sur le corps (contrairement au paintball) car les embouts sont en mousse. On porte toutefois des masques de protection ce qui permet aux enfants d'une dizaine d'années de pratiquer sans risque. L'originalité du prestataire est qu'il peut aménager le champ de bataille à votre domicile (prévoyez quand même une certaine place, un terrain de 300 m² est la bonne jauge).

QUI SUIS-JE ?

Qui peut rester dans sont lit
nuit et jour ?

Qu'est ce qui a des trous
partout et ne laisse pas
passer l'eau ?

On me trouve dans
la cheminée ou sur la table
le soir de Noël. Qui suis-je ?

On peut me trouver
dans un château
ou dans une fourmilière.
Qui suis-je ?

Sans air je meurs,
pourtant je n'ai pas
de poumons. Qui suis-je ?

Je ne peux pas marcher,
j'ai pourtant un dos
et quatre pieds.
Qui suis-je ?

Quand je suis frais je suis
chaud. Qui suis-je ?

Quand je marche
je fais 999 fois "tics"
et une fois "tac".
Qui suis-je ?

Solutions p.170

La Tour de l'extrême

Adrénaline

à partir de 12 ans

Argelès-sur-Mer

Un concentré de sensation sur une tour de 30 mètres de hauteur, soit l'équivalent de 10 étages. On y défie les lois de l'attraction terrestre en apprivoisant le vide. La tour permet des sauts jusqu'à 28 mètres, mais ausi des sauts de 8 mètres avec une réception dans un immense airbag, descente en tyroliennes sur plus de 300 mètres. Conseillé surtout aux amateurs de sensations fortes, ceux qui ont mis de côté leur peur du vide et qui ont maitrisé leur vertige.

D'avril à septembre 7j/7

1 à 2h

Juillet, août : de 12h à 20h
D'avril à juin et début sept. : de 11h à 18h
Sept. : mer. et WE de 14h à 18h

3 sauts à 8 m : 10 €
330 m de tyroliennes : 10 €
Trio Tour (à 25 ou 28€) : 30 €

7 imp. Copernic (voir plan p.34)
www.tour-extreme.fr • 04 68 95 41 66

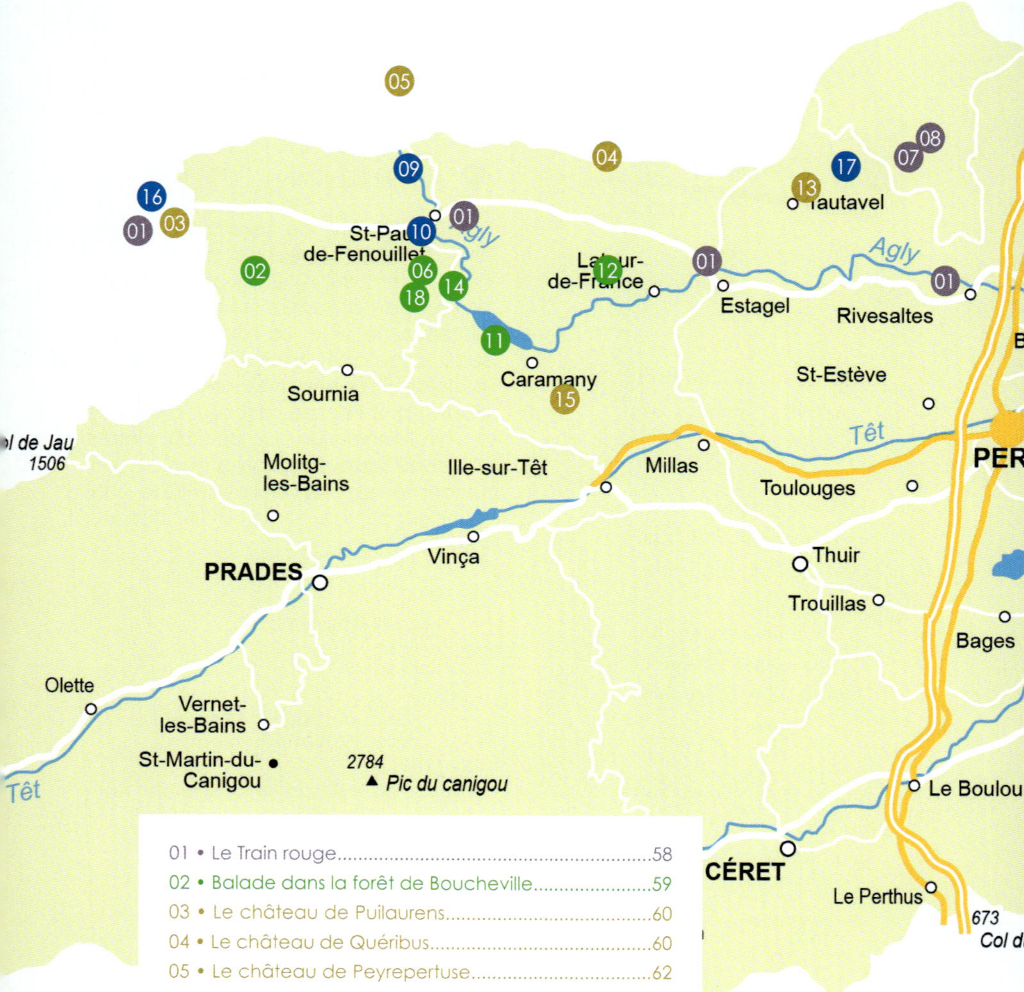
05
04
09
16
01
03
10
01
St-Paul-de-Fenouillet
Agly
02
06
18
14
11
12
Latour-de-France
01
Estagel
13
Tautavel
17
07
08
Agly
01
Rivesaltes
Caramany
15
Sournia
St-Estève
Têt
PER
Millas
Ille-sur-Têt
Molitg-les-Bains
Toulouges
Vinça
PRADES
Thuir
Trouillas
Bages
Olette
Vernet-les-Bains
St-Martin-du-Canigou
2784
Pic du canigou
Têt
Le Boulou
CÉRET
Le Perthus
673
1506

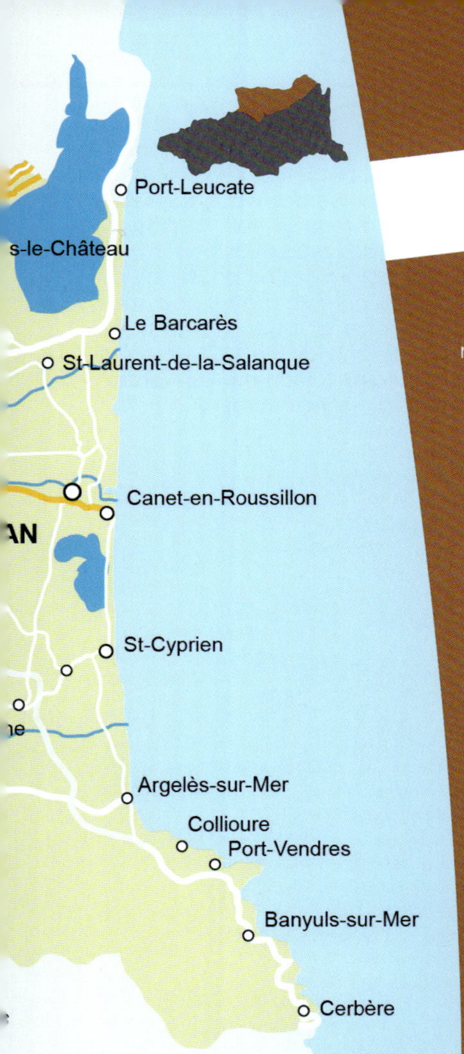

CORBIÈRES FENOUILLÈDES

Situées à l'ouest du département les Fenouillèdes sont un territoire très attachant, où les vignes se développent d'une manière magistrale profitant d'un terroir très varié, très vallonné et bénéficiant d'un ensoleillement privilégié. La gamme des vins des Fenouillèdes surprendra plus d'un amateur. Le relief du secteur, avec ses falaises pour l'escalade permet aussi aux fans de la grimpe de tester leurs compétences à la verticale. Les spécialistes de sports aquatiques n'oublieront pas de goûter aux joies du canyoning, ceux qui préfèrent les mystères des entrailles terrestres auront à leur disposition des galeries pour la spéléo, les curieux de l'histoire ne manqueront pas d'aller saluer l'Homme de Tautavel, les bâtisseurs d'aqueduc ou les fantômes des cathares dans leurs châteaux agrippés sur les crêtes. Alors bien entendu certains châteaux sont dans l'Aude, le département voisin. Mais on a décidé de les inclure, c'eut été dommage de les ignorer.

OÙ SE RENSEIGNER

RIVESALTES
8 avenue Ledru Rollin
04 68 64 04 04

SAINT-PAUL-DE-FENOUILLET
Avenue Pézières
04 68 59 07 57

TAUTAVEL
Rue Anatole France
04 68 29 49 50

Le Train rouge

à partir de 2 ans

de Rivesaltes à Axat (Aude)

Si le Petit Train jaune gambade allègrement dans la montagne, son collègue, qui lui a pris la couleur rouge, évolue sur une soixantaine de kilomètres dans la plaine entre Rivesaltes et l'Aude, plus précisément la gare de Saint-Martin Lys. Destiné uniquement à la balade touristique, le train rouge traverse sur son parcours les vignes du Fenouillèdes et dans l'Aude des forêts d'altitude qui pourraient faire penser à la Suisse. Il a l'avantage de proposer des points de vue que l'on n'a pas l'occasion de contempler quand on est sur la route. Vous verrez au loin les châteaux cathares, le pic de Bugarach, les villages de l'arrière-pays et les nombreux ouvrages d'art, ponts et tunnels, qui lui permettent depuis le début du XIXe de franchir les vallées et de jouer à saute-mouton avec les lits des rivières. De juin à octobre, les passagers changent de train à Saint-Paul-de-Fenouillet pour attaquer la partie audoise à bord d'un autorail avec au moins deux voitures découvertes (plus en cas de grosse affluence). Vous aurez alors la sensation de vous balader en cabriolet. Pensez aux casquettes si le soleil est de la partie, et si le temps n'était pas au beau fixe, il y a toujours une voiture abritée pour vous accueillir. Ils ont pensé à tout. Le Train touristique des Fenouillèdes a ce doux parfum suranné des autorails d'antan. La structure qui gère ce train a aussi pour mission de préserver et restaurer d'anciens matériels roulants de la SNCF, dont le célèbre autorail surnommé Le Picasso qui a repris du service en 2017.

Toute l'année

Rivesaltes-Axat :
2h40 (idem pour le retour)

Rivesaltes-St-Paul-de-Fenouillet :
1h10 (idem pour le retour)

Juillet, août : départ 7j/7
De sept. à juin : sur réservation

Grand parcours (Rivesaltes-Axat-Rivesaltes) : adulte : 21 €
de 4 à 14 ans : 14,50 €
2 adultes + 2 enfants : 59,50 €

Parcours des Vignes (Rivesaltes-St-Paul-de-F.-Rivesaltes) : adulte : 13,30 €
de 4 à 14 ans : 9,30 €
2 adultes + 2 enfants : 36,50 €

Gratuit pour les chiens.

D'autres parcours consultables sur leur site internet.

St-Paul-de-Fenouillet : 26 bd de l'Agly
Rivesaltes : Av. René Victor-Manaut
04 68 200 400 • 04 68 599 902
info@letrainrouge.fr • www.letrainrouge.fr

Les gares : Rivesaltes, Espira de l'Agly, Cases de Pène, Estagel, Maury, St-Paul-de-Fenouillet, Caudiès-de-Fenouillèdes, Lapradelle-de-Puilaurens, Axat

Parcours offert le jour de votre anniversaire.

Réservation en ligne possible.

Détente

Balade dans la forêt de Boucheville

à partir de 4 ans

GRATUIT

Fenouillet, Vira

Longtemps, l'ancienne forêt royale de Boucheville, à cheval sur les départements de l'Aude et des Pyrénées-Orientales, a été exploitée par les charbonniers qui y produisaient du charbon de bois. La présence de nombreuses essences d'arbres (hêtre, chênes verts, sapins…) expliquait cela, mais aujourd'hui le site est surtout un grand poumon vert à la confluence des climats atlantique, méditerranéen et montagnard. Son aspect originel a été dessiné par différents facteurs parmi lesquels, le relief et la géologie, mais aussi depuis toujours la présence de l'homme. Plusieurs sentiers, pour randonneurs ou vététistes, ont été balisés au sein de cette forêt, afin que le promeneur ou le sportif puisse découvrir cette nature en toute sérénité. La richesse écologique et paysagère de Boucheville se double aussi d'une richesse faunistique. Sangliers, isards, chevreuils, sans oublier les écureuils, et autres renards et lapins ont trouvé dans ces lieux leur territoire de résidence favori. Les amateurs de champignons auront aussi la possibilité de remplir leurs paniers, pour peu qu'ils aient la patience ou le flair pour dénicher les « ronds de sorcières ». Car ici comme ailleurs, personne ne vous confiera ses coins favoris. Cherchez, vous trouverez…

D'avril à octobre

2 à 3h

La route qui relie Vira à Puillaurens traverse la forêt. On peut aussi de Caudiès-de-Fenouillèdes faire la boucle direction Fosse, Vira, Gincla et Puillaurens. Vous avez alors de part et d'autre de la route de nombreux chemins et sentiers (pas tous autorisés aux véhicules) qui permettent de pénétrer sur le site.

Le château de Puilaurens

à partir de 4 ans

Lapradelle-Puilaurens (Aude)

Si vous venez des Pyrénées-Orientales, juste au moment où vous arrivez dans la haute vallée de l'Aude, dans le village de Lapradelle, au détour d'un virage votre regard va être subjugué par un éperon rocheux couvert d'une forêt de pins sur votre gauche. À son sommet une silhouette étrange vestige d'un autre temps : le château de Puilaurens. Effet garanti. Les pierres qui ont servi à édifier cette forteresse ont été montées à dos d'homme là-haut sur la montagne dès l'an mil, le site appartenait alors à l'abbaye de Saint-Michel-de-Cuxa près de Pardes dans la vallée de la Têt. Le château est passé ensuite sous le contrôle de plusieurs autorités et les cathares ont toujours trouvé en son sein un refuge quasi inexpugnable. Tout comme son voisin le château de Peyrepertuse, Puilaurens défendait la frontière entre le royaume de France et celui de l'Aragon, mais dû subir de nombreuses incursions espagnoles durant son existence. Preuve qu'il était prenable.

Ce n'est qu'après la Révolution que le château a été abandonné par les militaires en tout genre. Aujourd'hui, on visite la forteresse, et les amateurs d'histoire médiévale et d'architecture militaire faite d'enceintes jumelées, de donjons quadrangulaires, de tours rondes, de murailles, de chemin de ronde, trouveront de quoi satisfaire leur curiosité. Si vous n'êtes pas un spécialiste dans ce domaine, ne craignez rien, des panneaux explicatifs sont disposés sur le site et un repère culturel vous sera confié à l'accueil pour appréhender au mieux les subtilités de l'architecture militaire.

À noter aussi le chemin escarpé qui mène aux murailles a été aménagé sous forme de sentier botanique dédié aux arbustes et aux plantes méditerranéennes. Nous vous conseillons d'être bien chaussé.

D'avril à mi-novembre

1h15

Juillet, août : de 9h à 19h
Juin, sept. : de 10h à 19h
Avril, oct., nov. : de 10h à 17h
Mai : de 10h à 18h

Adulte : 6 € • de 6 à 15 ans : 3 €

04 68 20 65 26
chateau.puilaurens@orange.fr
www.chateau-puilaurens.jimdo.com

Aire de pique-nique, boissons, friandises.

Le château de Quéribus

à partir de 4 ans

Cucugnan (Aude)

Il a fière allure sur son piton rocheux, avec sa silhouette massive et typique des châteaux cathares. À 728 mètres d'altitude, Quéribus trône ici depuis l'an mil. Il fait partie des sites (Aguilar, Peyrepertuse, Puilaurens ...) que l'on visite si l'on s'intéresse un tant soit peu à l'histoire locale, aux guerres entre la France et l'Espagne, si l'on aime fouler les vieilles pierres qui ont vu passer des siècles de légendes héroïques. Quéribus ce sont des assommoirs, des meurtrières, des canonnières et tous les mythes attachés à cette époque épique. On accède au château par un sentier, et à vous les escaliers à vis très étroits, les couloirs empierrés, les passages taillés dans le roc, le donjon et ses mystères. Et tout en haut, le paysage sur le massif des Corbières avec en ligne de mire la mer. Tables d'orientation et panneaux pédagogiques vous guideront dans vos découvertes.

Un parcours ludique et pédagogique est proposé aux enfants accompagnés. Durant la visite, des questions sur le site et son histoire sont posées et au retour on vérifie les réponses. Une manière originale d'appréhender des lieux. Profitez de votre passage au château pour faire un saut dans le village tout à côté de Cucugnan (celui du curé cher à Daudet), l'occasion de croiser notamment dans le transept de l'église Saint-Julien-Sainte-Basilisse, une sculpture plutôt rare en bois polychrome doré du XVIIe représentant la Vierge Marie enceinte. Au village également un petit théâtre propose des mini spectacles (20 min) sur Quéribus, dont une « visite virtuelle» agrémentées d'images réalisées par des drones.

Attention pour des raisons de sécurité, en cas d'orage l'accès au château est interdit. En cas de neige, c'est la route qui monte au site qui est fermée. En cas de doute, renseignez-vous avant d'y aller.

Toute l'année
(fermé le 25 déc. et le 1er janv.)

1h

Jan., fév., nov., déc. : de 10h à 17h
Mars : de 10h à 17h30
Avril : de 9h30 à 18h
Mai, juin, sept. : de 9h30 à 19h
Oct. : de 10h à 18h30
Juillet, août : de 9h à 20h

Adulte : 7 € • de 6 à 15 ans : 4 €
-6 ans : gratuit

04 68 45 03 69 • 06 71 72 64 01
www.cucugnan.fr
queribuscucugnan@orange.fr

Aire de pique-nique, prêt d'un porte-bébé à l'accueil.

Avec le ticket d'entrée du château, une entrée pour le spectacle au théâtre Achille Mir dans le village de Cucugnan vous est offert.

Le château de Peyrepertuse

à partir de 4 ans

Duilhac-sous-Peyrepertuse (Aude)

Situé à 5 kilomètres de Queribus, Peyrepertuse est un autre vestige de l'époque cathare situé en Hautes Corbières. Planté sur son promontoire à 800 mètres d'altitude, il permet de découvrir à la ronde tout le paysage environnant, à l'époque il était difficile pour des assaillants de passer inaperçus. L'histoire de ce château est riche, il a traversé bien des civilisations, depuis l'époque romaine, bien avant l'ère chrétienne. Il a connu les contes Catalans de Besalù, les croisades contre les Albigeois, il fut aussi forteresse royale à la frontière sud du royaume après le traité de Corbeil (1258) signé entre le roi d'Aragon Jacques 1er, et Louis IX. Quand fut signé un autre traité des plus importants, celui des Pyrénées, la frontière est descendue plus au sud, le château perdit alors de son intérêt stratégique et s'est lentement endormi après la Révolution. C'est dans les années cinquante que l'on a commencé à restaurer le site pour en faire un lieu visité toute l'année par les amateurs d'histoire et tous ceux que les châteaux forts et leurs légendes font encore frémir de plaisir. On y appréciera son architecture typiquement militaire du Midi médiéval, avec ses enceintes basses et médianes, ses donjons, ses murailles, ses tours demi-circulaires, son chemin de ronde... Mine de rien, cette forteresse est égale en superficie à la Cité de Carcassonne. Non loin du château, le village de Duilhac mérite aussi une visite, tout comme les gorges rafraichissantes du Verdouble un peu à l'écart du site.

Toute l'année
(fermé le 1er janv. et les 24, 25, 31 déc.)

1h à 2h

Juillet, août : de 9h à 20h
Avril, mai, juin, sept. : de 9h à 19h
Mars, oct. : de 10h à 18h
Nov., déc. : de 10h à 18h
Janv. : de 10h à 16h30
Fév. : de 10h à 17h

Adulte : 7 € • de 6 à 12 ans : 4 €

8 chemin du château
04 30 37 00 77 • 06 71 58 63 36
info@peyrepertuse.com
www.peyrepertuse.com

Aire de pique-nique.

Prêt d'un porte-bébé à l'accueil.

Les gorges de St-Jaume

à partir de 4 ans

Fenouillet

GRATUIT

Voilà une belle balade à faire si vous aimez les sentiers qui crapahutent dans la montagne, mais pas trop, assez pour avoir la sensation d'être un aventurier. Les enfants vont adorer. Le chemin démarre juste au bord de la route, entre Caudiès-de-Fenouillèdes et Fenouillet (passer par Caudiès la route est plus directe). Le chemin, très praticable, va vous faire remonter alors le cours de la petite rivière qui serpente en contre bas. Au cours de la promenade vous franchirez des passerelles, vous longerez des à-pics, emprunterez des passages creusés dans la roche, surplomberez le dénivelé, le tout au milieu d'une forêt dont les couleurs varient avec bonheur en fonction des saisons.

Toute l'année

1h30 (aller/retour)

Entre Caudiès-de-Fenouillèdes et Fenouillet sur la D9.

Le village abandonné d'Opoul-Périllos

à partir de 4 ans

Opoul-Périllos

GRATUIT

On parle aussi de ce site comme un village fantôme. En effet, le lieu qui fut habité dès le XIIIe siècle, a progressivement perdu ses habitants, les nombreuses guerres entre la France et l'Espagne puis plus près de nous, les deux conflits mondiaux, ont saigné les familles qui y résidaient. Le dernier habitant a définitivement plié bagage en 1970. Mais les murs des maisons, de l'église, de la chapelle, le cimetière, les clôtures, les ruelles qui serpentent, sont restés là, fidèles et opiniâtres. Aujourd'hui, il se dégage de cet endroit coupé du temps, une sensation étrange de site abandonné. Mais il est pourtant encore un peu vivant, grâce justement à ceux qui font l'effort de s'y rendre à quelques encablures du village d'Opoul. Périllos est encore vivant pour ceux qui viennent perdre leurs pas dans ce qui fut un lieu de vie agricole et viticole durant des siècles.

Toute l'année

1h

04 68 64 50 22 • www.opoul-perillos.fr
Traverser le village d'Opoul, à la sortie du village, continuer sur la D9 et tourner à droite direction Périllos.

La Caune, une grotte à la portée de tous

à partir de 4 ans

Opoul-Périllos

GRATUIT

Un site original et relativement facile d'accès qui va faire la joie des apprentis explorateurs, et autres spéléologues en herbe. Le trou de la Caune est une curiosité naturelle, une cavité circulaire d'une cinquantaine de mètres de diamètre. Une sorte de grand dôme dont une partie se serait écroulée au fil des siècles. Résultat : une belle grotte dans laquelle la lumière naturelle s'engouffre par la partie haute. Pour y pénétrer, après avoir parcouru la piste qui grimpe à travers la garrigue (voir ci-contre), vous débouchez sur une sorte d'aplomb d'où vous découvrez l'immensité du site. On y descend sans peine, et à vous les grosses stalagmites, et toutes les concrétions (en tout cas ce qu'il en reste) qui décorent le plafond. Si vous avez pris soin d'emporter avec vous un casque spéléo et une lampe frontale vous pouvez même vous aventurer au fond du du site vers des passages plutôt étroits. Pas de quoi faire une randonnée souterraine, mais sentir le frisson de la spéléo. Les gamins devraient adorer.

IDÉAL POUR ORGANISER UN PIQUE-NIQUE

Toute l'année

1h30

À la sortie du village d'Opoul, continuer sur la D9 et tourner à droite dir. Périllos. Passer le château d'Opoul, puis l'embranchement pour la stèle de l'accident aérien. Laisser la ferme du lieu dit « Cortal Lalane » sur votre gauche. Environ 300 m après la ligne électrique garez-vous puis emprunter la piste qui monte sur votre droite (inutile de vous y engager sans véhicule tout terrain). Suivre la piste à travers la garrigue durant 20 min env. avant de découvrir l'entrée de la grotte de la Caune.

Coordonnées GPS :
42 N 54' 12'' • 02 E 51' 37'' • alt : 367m

Grotte de la Caune, vu depuis la piste d'accès ▼

Canyoning dans les gorges de Galamus

à partir de 6 ans*

St-Paul-de-Fenouillet

Le canyoning peut se décliner à divers niveaux d'engagement. Il est important de connaitre ses limites avant de prendre la décision de faire une descente. Une fois lancé, impossible de reculer, il faut aller jusqu'au bout, ou dans le meilleur des cas jusqu'à une échappatoire. Mais il n'y en a pas toujours, se renseigner avant, et faire aussi confiance aux prestataires qui connaissent les sites et les aléas météo. Ceux-ci sont à prendre en compte, un gros orage à des kilomètres du canyon peut rapidement faire gonfler la rivière qui devient alors dangereuse. Parmi les canyons du département les plus accessibles, nous avons sélectionné celui des Gorges de Galamus. Très ludique, cette « randonnée aquatique » est parfaite pour découvrir l'activité avec ses enfants. Situé entre Saint-Paul-de-Fenouillet et Cubières-sur-Cinoble dans l'Aude, le site est une profonde entaille dans la barrière de calcaire des Fenouillèdes. On accède au point haut en longeant la falaise sur la départementale (vous devrez obligatoirement laisser votre véhicule au parking à l'entrée des gorges). Cette petite marche vous donnera une vue imprenable de la rivière qui coule à des dizaines de mètres en contrebas. La descente du canyon proprement dite est une succession de marmites, de sauts (jusqu'à 8m), de toboggans (jusqu'à 4m) - qui peuvent tous être évités - et quelques passages où il faut nager. Le retour au point de départ s'effectue par un petit sentier assez raide qui vous ramène directement au parking.

D'avril à octobre

2 à 3h

À partir de 35 €

Situé entre Saint-Paul-de-Fenouillet et Cubières-sur-Cinoble.

Attention, avant le mois de juillet l'eau est encore fraîche.

* savoir nager au moins 25 m et mesurer +1m25 pour 25kg

Liste des professionnels spécialisés p.174

Le département regorge de nombreux canyons dont certains raviront les plus sportifs avec des descentes en rappel, des toboggans...

Gourg des Anelles dans les Albères (+ 12 ans • à partir de 45 €) p.89

Canyon du Llech dans le massif du Canigou (+15 ans • à partir de 55 €).

Molitg et Taurinya dans le Conflent (+8 ans • à partir de 40 €) p.100

La via ferrata de Saint-Paul-de-Fenouillet

à partir de 6 ans*

GRATUIT

St-Paul-de-Fenouillet

Pour les amateurs d'escalade et d'évolution sur les parois verticales, les via ferrata sont des sites très prisés. À deux pas de Saint-Paul-de-Fenouillet, sur le site de la Clue de la Fou, nom de la petite rivière qui coule en contrebas, une via ferrata vous propose deux parcours sécurisés. Facile d'accès, celui de la « Pichona » s'adresse aux débutants et aux enfants. Son dénivelé est de 80 mètres pour 150 mètres de long. Le parcours « panoramique » s'adresse aux pratiquants avertis, il n'est pas adapté pour les jeunes enfants. Les aménagements comme les échelles, les marches, les barreaux, les ponts suspendus et la ligne de vie sont là pour vous faciliter la progression à flanc de paroi en toute sécurité.

Si l'accès au site est libre, il reste sous l'entière responsabilité des pratiquants. Un équipement adapté est nécessaire (voir ci-contre), bonnes chaussures de marche et gants sont très recommandés. Attention, une fois engagé, il n'est pas possible de faire marche arrière, on ne peut sortir que par le haut. Si l'orage menace ou si le vent est trop fort, évitez de vous y lancer. Lors de grosses chaleurs, prévoyez de quoi boire, car vous ne trouverez pas d'ombre sur le parcours.

Toute l'année

1h50 pour le parcours de la Pichona

À St-Paul-de-Fenouillet, prendre la dir. Ansignan par la D.619, puis route de Lesquerde par la D.19.

Matériel indispensable : casque, baudrier, double longe, absorbeur d'énergie, mousquetons de sécurité.

Des guides d'escalade peuvent aussi vous encadrer : p.175

* taille minimum : 1m70 bras tendus

LOUER DES ÉQUIPEMENTS

Camping de l'Agly
À St-Paul-de-Fenouillet
Av. du 16 août 1944
04 68 59 09 09
contact@camping-agly.com

14 €/demi-journée • 19 €/journée

Salles Didier
Av. Jean Moulin
04 68 61 36 12

Adulte : 12 €/jour • enfant 10 €/jour

Le sentier des oiseaux

à partir de 6 ans

Caramany

GRATUIT

Le lac de Caramany dans les Fenouillèdes a été construit pour former une réserve d'eau destinée à l'agriculture de la plaine et en même temps pour réguler le cours, parfois capricieux, de l'Agly. Cette retenue d'eau, dans un cadre naturel, est aussi devenue une destination nature. On y trouvera un certain nombre de parcours de randonnée, mais aussi des circuits thématiques comme le Sentier des oiseaux. Il s'agit d'une boucle de trois kilomètres à travers les vignes, les bosquets, et toujours à proximité de la rivière. Un milieu permettant la découverte du monde des oiseaux qui ont trouvé dans cet écosystème protégé un lieu de résidence exceptionnel. Pour faciliter la découverte et comprendre le monde des volatiles, on a aménagé tout au long du sentier des bornes sonores, des panneaux explicatifs et pédagogiques. Il vous faudra une heure de balade (le dénivelé est très faible, une trentaine de mètres, car la randonnée se veut familiale) pour faire le tour de ce sentier sur les rives de l'Agly.

D'avril à octobre

1h

Le début du parcours se situe à proximité du moulin d'Ansignan (bifurcation sur la D9 à environ 1 km avant Ansignan en venant de Rasiguères), au niveau d'une aire de pique-nique et de stationnement.

Le sentier botanique de Maury

à partir de 6 ans

Maury

GRATUIT

Les Fenouillèdes ont un profil géologique intéressant (sols faits de schistes, de marnes, de granites, de calcaire, de gneiss...), ce qui notamment permit le développement de petits vignobles avec des cépages très différents, adaptés au terroir « mosaïque » de cette partie ouest des Pyrénées orientales touchant l'Aude. Une particularité géologique, géographique et climatique propice à l'épanouissement de nombreuses variétés d'arbres, de plantes et de fleurs et aussi d'une faune sauvage endémique. Un sentier botanique balisé donne l'occasion aux visiteurs de partir à la découverte de cette richesse naturelle et préservée. Tous vos sens seront sollicités. Outre bien entendu la vue avec ses torrents de couleurs différentes, de verts, de jaunes, de bleus, votre odorat sera lui aussi aux anges. S'attendre à une cacophonie de parfums divers, de senteurs aromatiques puissantes, mélange de lavande, de thym, de romarin. Mais la musique de la nature et ses bruits divers comme les cris d'animaux, les chants des oiseaux, le stridulement des insectes, toute cette symphonie pastorale sera elle aussi du voyage. Éviter de déranger de vos mains et vos pas les plantes qui résident ici depuis toujours, elles sont là chez elles. Par contre, vous pouvez les admirer à loisir, les contempler et apprendre leurs histoires grâce aux panneaux d'interprétation qui jalonnent le parcours en partie ombragé.

D'avril à octobre

2h

À Maury, prendre dir. Cucugnan, Quéribus, jusqu'à l'aire de stationnement face à la retenue d'eau, située en sortie de village.

Ateliers pédagogiques

Le musée de la préhistoire de Tautavel

à partir de 6 ans

Tautavel

Un site pour les passionnés de la préhistoire. Si ce musée, qui bénéficie de l'appellation Centre Européen de Préhistoire, est implanté dans ce petit village viticole des Fenouillèdes c'est qu'ici en 1971 les équipes de chercheurs ont découvert dans la Caune de l'Arago (la grotte qui servait d'habitat aux hommes de Tautavel), les restes du plus vieil homo heidelbergensis (anciennement nommé : homo erectus)d'Europe qui vivait dans ces contrées (avec ses congénères) il y a 450 000 ans. Alors il était tout naturel que le village se consacre tout entier à son homme providentiel. Le musée retrace pour vous l'histoire de l'humanité à travers des reconstitutions de scènes de la préhistoire grandeur nature, et aussi de la présentation d'objets du quotidien de l'époque. Les chercheurs sont toujours là à fouiller méticuleusement la Caune de l'Arago (accessible au public par un chemin escarpé), et régulièrement des nouvelles pièces du puzzle de notre histoire commune sont mises à jour (149 restes humains découverts jusqu'à présent).

Durant l'année, et notamment en saison estivale, le musée propose aussi divers ateliers ludiques et pédagogiques destinés au jeune public. Ces activités à partager sont en rapport avec ce qui se pratiquait à l'aube de la civilisation. On y apprend comment faire du feu avec des cailloux ou du bois, comment on peut s'éclairer avec une lampe à graisse, comment les premiers hommes ont maitrisé l'art de la poterie ou celui de la chasse avec des « propulseurs de sagaies ».

Toute l'année
(fermé les 1er janv., 24, 25 et 31 déc.)

Chantier de fouilles : d'avril à août.
Ateliers et animations pendant les vac. scol. (sans supplément).

2h

Juillet, août : de 10h à 19h
De janv. à juin et de sept. à déc. : de 10h à 12h30 et de 14h à 18h

Adulte : 8 € • de 7 à 14 ans : 4 €
-7 ans : gratuit

Av. Léon Jean Grégory
04 68 29 07 76 • www.450000ans.com
contact@450000ans.com

Le sentier géologique des hauts de Taïchac

GRATUIT

à partir de 6 ans

St-Martin-de-Fenouillet

Nous sommes ici à la croisée des climats montagnard, océanique et méditerranéen. Un épicentre étonnant et assez unique en son genre. Ce territoire géologiquement un peu à part offre surtout une richesse étonnante et originale à découvrir pour ceux qui savent regarder et apprécier. La balade proposée dans ce sentier est balisée et de nombreux panneaux indicatifs permettent de mieux appréhender la richesse du site et de sa géologie en apprenant aussi la lecture des paysages. Amoureux de la nature, de la faune, de la flore et de l'histoire, votre balade va vous réserver des surprises et des émerveillements simples et naturels au cours des quelques huit kilomètres de sentiers que vous allez fouler. En partie sur le GR 36, l'itinéraire se boucle après deux à trois heures de marche entre chemins classiques ou étroits, passages entre les vignes, dans les sous-bois, dans la pierre et la terre, le tout avec un modeste dénivelé de 250 m. Rien d'insurmontable si vous le faites à votre rythme, et avec surtout la récompense de jouir d'un paysage mille fois renouvelé.

D'avril à octobre

2 à 3h

Dénivelé : +250 m • distance : 7 km

Gîte-restaurant l'Auberge Taïchac
04 68 59 09 54 • www.gitestaichac.com

Un topo guide : *le sentier d'interprétation géologique des Hauts de Taïchac... « l'Afrique à deux pas de l'Europe »* est en vente à la mairie, à l'auberge et au bureau d'information touristique de Saint-Paul-de-Fenouillet (1,50 €).

Le musée de la préhistoire de Belesta

à partir de 6 ans

Belesta

Installé dans un ancien château du moyen âge (XIIe siècle), le musée de la préhistoire raconte la vie des premiers agriculteurs et éleveurs qui s'étaient installés dans le secteur, il y a 6000 ans. Une grotte non loin du village a été fouillée dans les années quatre-vingt, ce qui a été découvert (haches polies, faucilles, céramiques...) sert de base aux collections du musée. À découvrir aussi dans la reconstitution des lieux originaux : des poteries réalisées par les hommes du néolithique. La grotte d'origine peut se visiter à certaines époques de l'année. Se renseigner pour les dates des accès. Une visite à faire en complémentarité avec Tautavel, cela ravira tous ceux qui s'intéressent à l'histoire de nos lointains, très lointains ancêtres. On pourra profiter de son passage pour faire une petite balade dans le village à la découverte de ses vieilles ruelles très étroites et de son atmosphère préservée.

Toute l'année

1h30

De mi-juin à mi-sept. : 7j/7 de 14h à 19h • le reste de l'année de 14h à 17h30 (fermé le mardi et le samedi)
Juillet, août : ateliers le mercredi visite de la grotte le jeudi (réservation conseillée)

Adulte : 4,50 € • -18 ans : 3,50 €
-12 ans : gratuit

5 rue du château
04 68 84 55 55
musee.belesta@gmail.com
www.musee-belesta66.fr

Le rafting, l'hydrospeed et le canoraft

à partir de 6 ans*

Axat (Aude)

La haute vallée de l'Aude permet aux amateurs d'eau vive de belles sensations. En premier lieu le rafting, le plus spectaculaire, le plus engagé et quelque peu sportif aussi des disciplines. Les rafts embarquent entre 8 et 10 personnes, le barreur est derrière et mène la manœuvre. Vous allez slalomer entre les rochers, prendre de la vitesse, ramer à fond les ballons, et vous allez aussi assurément tomber dans la rivière. Le pire c'est que vous en redemanderez. Mais il n'y a pas que le raft. Plus maniable et plus stable que le kayak, le Canoraft, appelé aussi « hot dog » en rapport avec sa forme, est une embarcation gonflable d'une ou deux places qui permet de descendre les rivières en sécurité. Le Canoraft est réputé insubmersible. On peut aussi descendre le courant avec un équipement minimal, un simple flotteur caréné, c'est l'Hydrospeed. Vous serez alors à plat ventre sur une sorte de flotteur en plastique ou en polystyrène rigide, avec deux poignées pour la maintenir. Le guide qui vous accompagnera vous donnera toutes les techniques pour évoluer en douceur entre les rochers malgré la vitesse que vous aurez rapidement prise au fil du courant. Combinaison, gilet, casque, gants et palmes sont de rigueur. En fonction des cours d'eau, du courant et/ou des lâchés d'eau venus des barrages en amont, plusieurs niveaux de descentes sont possibles. Au choix, parcours « découverte » pour vous initier à ces activités en famille, parcours « sportif » ou parcours « expert » pour les plus aguerris et enfants de plus de 12 et 14 ans.

ILS VONT ADORER !

D'avril à septembre

De 30 min à 3h de descente selon le parcours et l'embarcation choisie.

Canoraft : à partir de 30 € (+14 ans)
Rafting : à partir de 35 € (+6 ans)
Hydrospeed : à partir de 35 € (+10 ans)

* savoir nager

Liste des professionnels spécialisés p.174

Sensation

Escalade dans le cirque de Vingrau

à partir de 7 ans

Vingrau

Le petit village viticole de Vingrau est enchâssé dans un immense cirque naturel, un paysage étonnant où les vignes et le calcaire se découvrent à perte de vue. Le calcaire donne l'occasion d'essayer la pratique de la grimpe. Le site a été aménagé, puis fermé un temps pour d'obscures raisons administratives, puis récemment réhabilité. Il est un spot connu de tous les fondus d'escalade. Et dans la mesure où plus de 400 voies sont possibles, les longueurs et les niveaux de difficultés et d'équipements sont nombreux, il y en a pour tout le monde de la voie-école aux voies qui frôlent le 8. Le secteur est très riche en sites d'escalade, les collectivités locales ont même sous le coude un projet de Route de la grimpe qui devrait voir incessamment le jour.

Toute l'année

1/2 journée

À partir de 38 €

Liste des professionnels spécialisés p.175

Le monde fascinant des abeilles

à partir de 7 ans

Fenouillet

Il est fascinant le monde des abeilles. Étrange aussi, difficile à comprendre pour tout ceux qui en sont encore à confondre trop souvent abeille et guêpe. Des apiculteurs se sont mis en tête de présenter au grand public le fonctionnement du monde de l'apiculture. Si certains se contentent de présenter des panneaux didactiques ou des films vidéo, dans la commune de Fenouillet un professionnel du miel est allé un peu plus loin. Il organise des visites de ruches in situ. Alors bien entendu il vous faudra vous revêtir de la combinaison adéquate, enfiler gants et couvre-chef de protection avant d'approcher les abeilles. Suivant les périodes de l'année, suivant l'activité aussi des ruches, des groupes peuvent être constitués (à partir de 8 personnes avec un maximum de 15) et vous voilà en route pour les trois ruches dédiées tout spécialement aux visites. Elles ont été choisies, car les abeilles qui y logent sont réputées peu vindicatives, ce qui permet aux enfants (à partir de 7 ans) d'être de la partie. Pour peu quand même qu'ils ne soient pas trop turbulents, un peu patients et attentifs et qu'ils n'aient pas peur non plus de la proximité immédiate des abeilles qui vont bourdonner autour de leur chapeau muni du filet de protection. À la fin de la visite, après avoir été déséquipé, vous pourrez aussi déguster du pain d'épices.

Juillet, août

3h (dont 45 min aux côtés des abeilles)

Au rucher de Flora
Lieu-dit Terre Forte
06 14 43 48 59 • 06 60 55 11 00
aurucherdeflora@hotmail.fr

Tarif unique : 4 €

AILLEURS DANS LE DÉPARTEMENT

TAUTAVEL

La Ruche de Tautavel, Écomusée du miel
5 av. Jean Badia • 04 68 57 22 74
7j/7 d'avril à oct. de 11h à 19h de nov. à mars : dim., jrs fériés et vac. scol. de 14h à 18h

Latour-
de-France
Estagel
Rivesaltes
Bompas
Sournia
Caramany
St-Estève
Têt
PERPIGNAN
Molitg-
les-Bains
Ille-sur-Têt
Millas
Toulouges
Vinça
Thuir
Trouillas
Bages
Elne
01
Tech
2784
Pic du canigou
Le Boulou
11
02
07
03
12
09
Amélie-les-Bains
Palalda
CÉRET
06
13
05
Arles-
sur-Tech
Le Perthus
08
673
Col du Perthus
Prats-de-Mollo-la-
10
04
Tech
St-Laurent-de-Cerdans
1513
Col d'Ares

ALBÈRES VALLESPIR

Appuyé sur la face nord de la chaine des Pyrénées, le Vallespir est traversé par le Tech, cette rivière qui prend sa source en haut de la vallée pour se jeter dans la mer entre Argelès-sur-Mer et Saint-Cyprien. Dans ce bel écrin qu'est le Vallespir, on découvrira plusieurs communes dont les noms ne vous sont pas inconnus : Céret, Amélie-les-Bains, Arles-sur-Tech, Prats-de-Mollo... C'est ici aussi que se trouve la commune la plus septentrionale de la France continentale : Lamanère. Le secteur totalement préservé de toute pollution est une précieuse réserve verte où les activités sportives liées à la nature sont nombreuses. De grandes forêts sont propices à la balade, des sentiers escarpés vont ravir les fans de montagne, ceux qui s'intéressent à l'architecture militaire pourront visiter des forteresses signées Vauban. Enfin, si vous êtes par là au début du printemps vous pourrez aussi participer aux fêtes de l'ours qui se déroulent dans trois villages sur trois dimanches consécutifs.

OÙ SE RENSEIGNER

AMELIE-LES-BAINS
22 avenue du Vallespir
04 68 39 01 98

ARLES-SUR-TECH
Le Palau, rue Jean-Baptiste Barjau
04 68 39 11 99

Communauté de communes
Sud Canigó
8 bd du Riuferrer
04 68 81 31 73 • 04 68 21 82 05

CÉRET
5 rue Saint-Ferréol
04 68 87 00 53

LAROQUE DES ALBÈRES
20 rue Docteur Carboneill
04 68 95 49 97

LE BOULOU
6 rue Arago
04 68 87 50 95

LE PERTHUS
28 avenue de France
04 68 54 27 53

MAUREILLAS-LAS-ILLAS
Maison pour tous
2 avenue Maréchal Joffre
04 68 83 15 41

Place de la République
04 68 21 61 27

PRATS-DE-MOLLO LA PRESTE
Place le Foiral
04 68 39 70 83

SAINT-ANDRÉ
10 allée de la Liberté
04 68 95 23 23

SAINT-LAURENT-DE-CERDANS
Rue Joseph Nivet
04 68 39 55 75

SERRALONGUE
2 rue Pierre Talrich
04 68 39 61 34

La ferme découverte de Saint-André

à partir de 6 mois

Saint-André

Entre parc animalier et exploitation agricole, la ferme découverte de Saint-André est aménagée comme un site pédagogique et ludique pour toute la famille. De nombreux animaux familiers (poules, chèvres, cochons, ânes, paons, lamas, lapins…), en tout ils ne sont pas loin de 300. Ils sont ici chez eux et vous accueillent comme il se doit. Les enfants apprécieront de les voir, de les toucher, voire de les prendre dans les bras. À une époque où l'on vit bien plus en ville et hors sol, ces contacts directs sont bénéfiques pour les plus jeunes, mais pas seulement. Il y a aussi le rituel du biberon donné aux petits chevreaux auquels bien sûr les enfants peuvent participer. Succès et souvenirs garantis. Outre la promenade entre les divers enclos, il y a aussi sur place des aires de jeux, des balançoires, des aires de pique-nique pour faire une halte et se reposer ou même pique-niquer entre deux séances de découverte.

D'autres fermes sont sur le même concept avec des variantes ou des approches différentes. La ferme Saint-Roch à Villemolaque, propose par exemple en plus de la découverte des animaux de la ferme (il y en a 250 environ sur un espace de 3 ha), un sentier botanique, des jeux divers, des aires de pique-nique ombragées. Et qui dit « ferme » dit bien entendu exploitation agricole, vous pourrez vous fournir en produits fermiers élaborés sur place ou chez les producteurs environnants. Œufs, miels, confitures, glaces, nectars sont disponibles à la boutique.

Toute l'année

3h

D'avril à sept. : 7j/7 de 9h à 19h
D'oct. à mars : mer. et WE de 10h à 18h • vac. scol. : 7j/7
Biberons aux agneaux : 11h30 et 16h30

adulte : 9 € • de 2 à 13 ans : 7 €
- 2 ans : gratuit

Route de Taxo d'Amont
04 68 89 16 39 • 06 85 73 00 06
contact@ferme-de-decouverte.fr
www.ferme-de-decouverte.fr

Bar, espaces jeux, restaurant, aires de pique-nique ombragées, table à langer, micro-onde.

De mi-avril à fin août : mar. et jeu., dès 9H30, une navette gratuite *Train Bus* effectue la liaison entre la ferme et Argelès-sur-Mer.

La Vallée des tortues

à partir de 6 mois

Sorède

On n'imagine pas le nombre d'espèces de tortues différentes qui vivent à travers le monde sur les cinq continents, sur terre ou dans l'eau douce ou salée. À la Vallée des tortues, on appréhende la diversité et la richesse de ce monde animalier peu connu. Pas moins de 500 tortues sont rassemblées sur le site représentant plus de 30 espèces différentes. Des géantes, des grandes, des petites, des minuscules, des sympathiques, des connues ou des rares, des carnivores et même des dangereuses. Ici, elles sont dans un espace naturel et verdoyant propice à leur épanouissement. Dans le département, la célèbre Hermann a depuis toujours trouvé son cadre de vie idéal, elle est bien entendu présente dans ce parc animalier un peu spécial, avec d'autres congénères endémiques. Mais ce n'est pas tout, depuis peu le parc présente aussi d'autres animaux tout aussi surprenants comme des serpents, des lézards, des suricates, des ouistitis et même des tatous. On trouve aussi sur le site de quoi pique-niquer, et les enfants auront même le plaisir d'aller caresser des chèvres naines et autres animaux de la ferme regroupés dans un enclos qui leur est propre. Pour apprendre la vraie histoire des tortues, une visite guidée est possible (comptez une bonne heure) on vous expliquera tous les mystères et les petits secrets des tortues et des autres animaux de cette belle arche de Noé nichée dans les Albères.

D'avril à novembre

2 à 3h

Avril, sept. : de 11h à 18h
Mai, juin : de 10h à 18h
Juillet, août : de 9h à 21h
Oct. nov. : de 11h à 16h30

Adulte : 12,50 € • de 3 à 12 ans : 8,50 € • - 3 ans : gratuit

Av. de la Vallée Heureuse
04 68 95 50 50 • tortues@wanadoo.fr
www.lavalleedestortues.fr

Aires pique-nique et détente, snack sur place toutes les vac. scol.

Accès difficile aux poussettes dans le parcours botanique.

Visite costumée au Boulou

à partir de 3 ans

Le Boulou

On peut s'étonner de voir le nom de la ville du Boulou gravé sur l'Arc de triomphe qui trône Place de l'Étoile à Paris. Mais c'est normal, la Bataille du Boulou est restée dans l'histoire, même si d'autres théâtres d'affrontement sont devenus plus célèbres dans la mémoire collective. Si vous voulez connaitre un peu mieux ce pan de l'histoire qui a vu s'affronter en Vallespir et plus largement en Roussillon les troupes françaises et espagnoles à l'aube du XIXe siècle (1793) vous pouvez suivre les visites costumées que propose l'Office de tourisme de la station connue aussi pour ses cures thermales. C'est Madame-Sans-Gêne en personne (elle a participé aux expéditions militaires dans le secteur) qui vous narrera l'histoire de cette guerre. Vous croiserez aussi le souvenir du premier enfant de troupe tombé sur un champ de bataille.

D'avril à octobre

1h

Juillet, août : 7j/7 de 11h à 13h et de 14h à 19h • avril, mai, juin, sept. : 7j/7 de 14h à 18h • oct. : WE de 14h à 17h

Adultes 5 € • -12 ans : gratuit

6 rue Arago
04 68 87 50 95
contact@tourisme-leboulou.fr
www.tourisme-leboulou.fr

Réservation à l'Office de Tourisme
Rendez-vous et départ de la visite sur le parvis de l'église.

Le parc accrobranche Mont'oz arbres

à partir de 3 ans

Prats-de-Mollo-la-Preste

Un parc « nature » qui n'a pas usurpé son appellation. Situé à 870 mètres d'altitude, tout en haut de la vallée du Tech en Haut Vallespir, ce parc forestier de 5 ha propose toute une kyrielle de prestations. Les parcours de la via ferrata sont évolutifs et très divers avec trois niveaux de hauteur et de difficulté. Les plus aguerris pourront glisser aussi sur une tyrolienne de 400 m. Outre cette partie sportive, le site a aussi aménagé des hébergements insolites plus ou moins spartiates, plus ou moins luxueux comme ces cabanes sur pilotis et terrasses suspendues, où il est possible de passer la nuit au sein même de la forêt, bercé à 7 mètres de hauteur par les cris des animaux et le chant de l'eau des rivières. Avis aux amateurs de sensations originales.

Toute l'année

2h à 3h

Juillet, août : de 10h à 19h
hors-saison (sur réservation) : départ à 10h et 14h

Via ferrata : 15 € • Tyrolienne : 10 €
Hébergement insolite dans les arbres : à partir de 90 € pour 2

Le Galliner, route d'Espagne (D115)
06 19 23 88 41 • 04 68 22 43 55
montozarbres66@gmail.com
www.montozarbres.com

Bar, espace jeux.

Pour s'engager dans la via ferrata les enfants devront mesurer +1m40 et être accompagné d'un adulte.

Les gorges de la Fou

à partir de 3 ans

Arles-sur-Tech

Situé dans la vallée du Tech, voilà un site naturel on ne peut plus étonnant. Imaginez une cicatrice, une entaille verticale dans la montagne dont les parois culminent à 200 mètres de hauteur. Au fond de cette faille étroite, coule depuis des milliers et des milliers d'années un ruisseau. Celui-ci a taillé la montagne pour en faire aujourd'hui des gorges souvent qualifiées des plus étroites du monde. À certains endroits il n'y a qu'un mètre entre les deux falaises que l'on peut toucher en écartant simplement les bras. La légende veut que ces gorges étaient le refuge des sorcières et des génies plus ou moins malfaisants. Pendant longtemps, personne ne voulait donc s'y aventurer. Mais tout cela est terminé. Dans les années cinquante, on a aménagé le lieu avec divers équipements pour permettre au visiteur de parcourir en toute sécurité ces gorges étroites. Passerelles, ponts métalliques et escaliers fixés à la roche facilitent la promenade qui n'a rien de très physique si l'on est prêt à marcher un peu plus d'un kilomètre et demi avec une pente légère. Comptez deux heures pour faire l'aller-retour entre les parois surplombant le torrent. Tout au long de la promenade, vous pourrez aussi découvrir une flore qui a trouvé sur le site un espace idéal pour se développer. Pas moins de 83 espèces différentes sont ainsi à observer dans ce parcours botanique, la plupart identifiées par de petits cartouches nominatifs.

Notez la présence surprenante de la Ramonda-Miconii une plante qui s'épanouit habituellement dans les régions tropicales. En plein été, les gorges sont fraiches, un régal pour échapper à la fournaise des plages.

De mi-mars à mi-novembre 7j/7

2h30

De mars à juin et sept. : de 10h à 17h30 • juillet, août : de 9h30 à 18h30 • oct., mi-nov. : de 10h à 17h

Adulte : 10 € • enfant : 5 €
- 5 ans : gratuit

04 68 39 16 21
gorgesdelafou@orange.fr
www.gorgesdelafou.com

Buvette, restauration rapide.

Navette gratuite depuis Arles-sur-Tech et Amélie-les-Bains.
Réservation : 07 76 58 55 46
navette@sudcanigo.com

Chenil avec box individuel gratuit.

Le parc accrobranche Forest aventure

à partir de 3 ans

Amélie-les-Bains-Palalda

Ce parc destiné aux amateurs de sensations est en pleine nature, sur les rives du Tech qui coule en Vallespir. On y a installé cinq parcours avec des difficultés variables adaptées aux différents âges des aventuriers en herbe. En tout, ces parcours représentent pas moins d'une soixantaine d'activés particulières. Au menu de votre aventure : ponts filets et rondins suspendus, les lianes de Jamaïque, parcours acrobatiques à la cime des arbres ou au-dessus du lit du torrent, et bien sûr toute une série de tyroliennes (l'une d'elles proposant 100 m de glisse). Autant de passages qu'il vous faudra affronter seul avec vous-même, mais aussi avec vos copains d'aventure. Le site propose également une plage en bord de rivière, idéal pour se reposer, prendre un verre ou un sandwich, attendre les enfants ou profiter du soleil.

De mai à octobre

2h à 3h

Juillet, août : 7j/7 de 14h à 20h
Vac. de Pâques et Toussaint : du lun. au ven. de 14h à 17h30
Hors vac. scol. : mer. de 14h à 17h30

Adulte : 16 € • enfant : à partir de 10 €

Les parcours : Baby (dès 3 ans) avec système de ligne de vie continue
Ouistiti (dès 5 ans) : -1m40 Grizzli : +1m40
Lynx : +1m40 • Baboune : +1m55 • Jaguar

Chemin de la piscine
04 68 39 23 49 • 06 14 17 03 63
nouvel.itineraire@free.fr
www.forestaventure.com

Plage aménagée en bord de rivière, buvette, glaces.

Fêter un anniversaire au parc avec chasse au trésor et goûter (le mercredi sur réservation).

Le parc accrobranche Les Aventuriers de St-Jean

à partir de 3 ans

Saint-Jean-Pla-de-Corts

Installé sur un des deux lacs de Saint-Jean-Pla-de-Corts, le parcours des Aventuriers de Saint-Jean propose des activités sportives et ludiques de type accrobranche. On y trouve plusieurs parcours échelonnés en fonction des difficultés à franchir. Avec des hauteurs allant de 3 à 20 m de hauteur, des «ateliers» plus ou moins sportifs, et bien entendu des tyroliennes, dont la principale (170 m de long) qui surplombe le lac et qui permet une arrivée à fleur d'eau. Depuis quelques années, le parc met aussi à disposition deux parcours réservés aux tout petits (de 3 à 7 ans), des parcours sécurisés, où les enfants évoluent en «autonomie surveillée».

Les parents peuvent ainsi rester tout à côté des enfants qui crapahutent sur les ponts de singes et peuvent même les aider à manier le «zaza» (vous comprendrez sur place). Une personne du parc est toujours là également pour mettre en confiance et en condition tout autant les parents que les enfants. Pour eux ce parcours initiatique sera un bon apprentissage pour passer ensuite, quand ils seront plus grands, sur les parcours classiques. Outre ce parc acrobatique en hauteur, le site permet aussi la baignade (surveillée), avec possibilité de se restaurer ou de pratiquer des jeux aquatiques divers.

D'avril à octobre

1h à 4h

Juillet, août : 7j/7 de 9h30 à 20h
Mai, juin, sept., oct. : WE et j. fériés de 14h à 19h • vac. de Pâques et Toussaint de 14h à 19h

Les parcours : P'tit Pousse : 11 €
T'cap : 17 € • T'fort : 20 €
tyrolienne splash : 10 €/3 passages

Lac de Saint-Jean-Pla-de-Corts
06 71 60 37 44 • aventurier66@orange.fr
www.lesaventuriers66.com

Restaurant, snack, jeux aquatiques.

Le fort de Bellegarde

à partir de 4 ans

Le Perthus

Village frontière, Le Perthus a toujours été un passage obligé pour passer d'un pays à l'autre par le col du même nom. C'est pourquoi Vauban a été invité à y construire une forteresse destinée à verrouiller le passage des ennemis du pays. Aujourd'hui, le fort de Bellegarde se visite, il est très symbolique de l'architecture militaire du XVIIe siècle avec ses bastions, ses demi-bastions, ses redoutes, ses fossés, ses échauguettes, sa grande cour d'honneur et ses ponts-levis. Au total, quelque 8000m^{2} de bâtiments. Le site pouvait accueillir plusieurs centaines de militaires avec tout un équipement destiné à tenir un éventuel siège (chapelle, hôpital, boulangerie, moulin, puits large de 6 mètres et profond de 62 mètres…).

Le site étant évidemment perché sur un point haut, il offre un belvédère très dégagé sur la France et la plaine du Roussillon au nord et l'Espagne et la Catalogne au sud. Bellegarde est maintenant un trait d'union entre les deux Catalognes.

De mi-juin à mi-septembre 7j/7

1 à 2h

Du lun. au ven. de 10h30 à 18h30
WE : de 13h30 à 18h30
Visites guidées : 11h30, 14h30 et 16h sur réservation

Adulte : 4 € • enfant : 2 €
-6 ans : gratuit

Rue du Fort
04 68 56 49 70 • 04 68 54 27 53
pointinfoperthus@orange.fr
www.le-perthus.com

Aire de pique-nique.

Le téléski nautique, le wakebord et le water jump

à partir de 4 ans

St-Jean Pla-de-Corts

Plus besoin d'un hors-bord survitaminé pour pratiquer le ski nautique. Dans le département, plusieurs structures de téléski nautique se sont créées en eau de mer ou en eau douce. Il s'agit d'un câble de plusieurs centaines de mètres tendu en boucle entre plusieurs pylônes au-dessus de la surface de l'eau, avec des perches sur lesquelles on s'accroche. Un lointain cousin du tire-fesses, mais à plat. Un gros moteur électrique (pas de fumée d'échappement, pas de bruit, pas de pollution) va entrainer alors les pratiquants sur la surface de l'eau à une trentaine de kilomètres-heure. C'est du rapide. Puis une fois que le pratiquant a maîtrisé les quelques techniques d'équilibre, il peut se mesurer aux divers obstacles qui jalonnent le circuit. Et là, ce ne sont plus que des sauts, des envols, des réceptions en douceur et autres figures aériennes.

À St-Jean Pla-de-Corts le téléski nautique compte 5 pylônes pour les sessions de ski nautique, kneeboard et wakeboard (à partir de 10 ans), d'un téléski nautique 2 pylônes (à partir de 7 ans) pour les leçons particulières et d'un water jump pour glisser sur des rampes en bouées (dès 4 ans).

Et si vous aimez les glissades, il y a aussi le Water jump. Plusieurs toboggans, dont la réception se fait dans l'eau, permettent de faire le spectacle devant les parents, les amis, le public.

De mi-avril à mi-octobre

De 1h30 à la journée

Horaires variables selon les périodes, consultez le site internet au préalable.

1h30 : 27 € • 3h : 40 € • 6h : 60 €
Juillet, août : rajouter 2 € sur ces tarifs

TSJ Wakepark
Lac de St-Jean Pla-de-Corts
06 67 83 56 62 • www.tsjwakepark.com

Restauration, buvette.

Voir aussi le téléski nautique à Port-Barcarès p.39

Le Boulou, laissez-vous séduire par son patrimoine

La ville présente de nombreuses richesses historiques

La Maison de l'Histoire située tout à côté de la Médiathèque présente des objets liés à l'histoire de la ville du Boulou. Une histoire qui s'est enrichie au fil des siècles. Les collections permanentes proposent des costumes de l'époque de la guerre des Pyrénées, contre l'Espagne, des documents liés à la Bataille du Boulou qui vit les troupes du général Dugommier affronter les troupes ibériques. Une visite à la Maison de l'Histoire permet aussi de découvrir le moulage de la célèbre frise du Maître de Cabestany qui orne le portail de l'église Sainte-Marie. Il était également indispensable d'évoquer sur le site l'histoire du thermalisme, Le Boulou étant une station très fréquentée et reconnue pour les bienfaits de son eau thermale. La Maison accueille régulièrement des expositions temporaires et propose également des jeux aux enfants.

VISITE CONTÉE ET COSTUMÉE

Chaque jeudi, de mars à octobre, l'Office du Tourisme propose une visite contée et en costume au centre historique de la ville. C'est dans le sillage d'une femme soldat du XVIIIe siècle, plus précisément Thérèse Figueur, que vous serez entraînés dans les rues et ruelles du Boulou une heure durant, ou plus en fonction des questions et des réactions des visiteurs. Tout d'abord cantinière, puis admise au Régiment des Dragons, cette femme s'est engagée au service de la République durant 22 ans en se faisant passer pour un homme et a inspiré le personnage de Madame Sans-Gêne. Vous découvrirez à travers un parcours culturel et ludique, les trésors cachés de la ville. Vous croiserez aussi l'histoire du célèbre « Petit Tambour » dont la statue est érigée au centre du vieux village. Lui aussi est un symbole de la Bataille du Boulou. Remarqué pour sa bravoure il fut le premier Enfant de troupe tombé au champ d'honneur à l'âge de 11 ans.

PETITS DÉTECTIVES

Les plus jeunes pourront aussi visiter la ville en se mettant dans la peau d'un petit détective. Ces derniers auront à assurer plusieurs missions. Pour les guider, un livret de détective du patrimoine leur sera remis. Et maintenant, ils vont devoir résoudre les énigmes et apprendre en même temps bien des choses sur l'histoire ancienne et plus récente de la station thermale.

Visites contées

Durée : 1h env.
Tarifs : adultes 5 € • -12 ans : gratuit
tarif groupe 3 €
Réservation : Office du Tourisme
Rendez-vous : parvis de l'église

Maison de l'Histoire

Av. Léon Jean Gregory,
Espace Culturel Teresa Rebull
04 68 83 75 01

Office du Tourisme

6 Rue Arago • 04 68 87 50 95
contact@tourisme-leboulou.fr
www.tourisme-leboulou.fr

Le Boulou
Source de bien-être

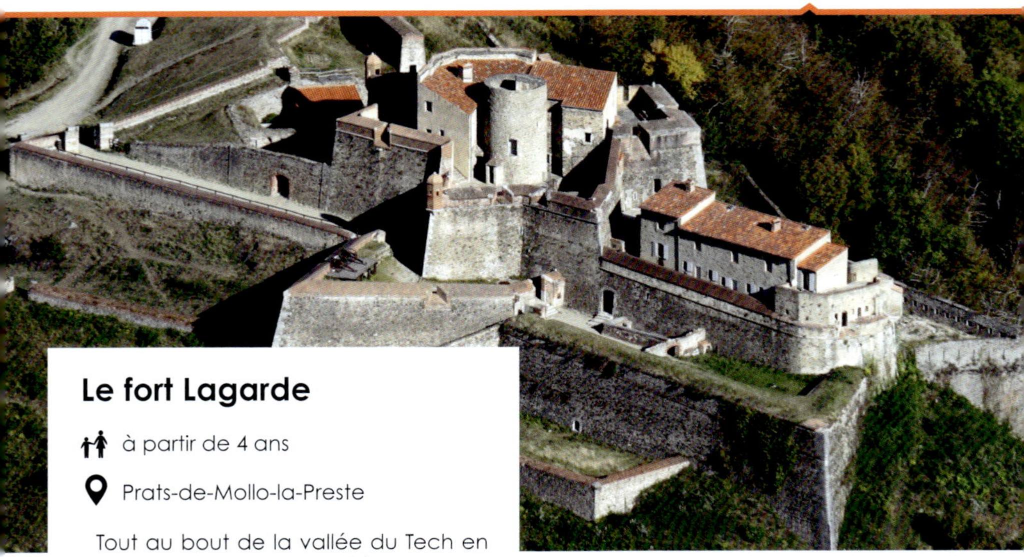

Le fort Lagarde

à partir de 4 ans

Prats-de-Mollo-la-Preste

Tout au bout de la vallée du Tech en Haut Vallespir la ville fortifiée de Prats-de-Mollo fut durant des siècles une des communes les plus importantes du département. Au-dessus de la ville, au XVIIe siècle, a été bâti un fort, symbole du pouvoir royal. Il était destiné tout comme son homologue du Perthus à surveiller la frontière espagnole.

On peut visiter le site individuellement ou dans le cadre des visites animées et interactives proposées par le site en saison estivale. Chaque année la programmation évolue afin de répondre aux attentes toujours renouvelées des visiteurs et les surprendre. Ces visites découvertes sont bien entendu axées pour un public familial. Avec un tel décor grandeur nature, et une telle histoire qui suinte par toutes les pierres du site, les possibilités sont nombreuses de faire évoluer ici les soldats du roi montés sur leurs chevaux, faire fonctionner là un canon qui crache sa mitraille sur la vallée, ou encore faire claquer des fusils d'époque. Mais la précision historique sera toujours de rigueur dans ces programmes ludiques.

On accède au site par un chemin qui grimpe jusqu'aux fortifications (un quart d'heure de marche environ sur un sentier escarpé) ou par un long escalier semi-enterré de presque 150 marches. Le site étant sur une hauteur, il donne un point de vue sur le village et la montagne toute proche.

D'avril à octobre

1 à 2h

Juillet, août : 7j/7 de 11h à 13h et de 14h à 19h • avril, mai, juin, sept. : 7j/7 de 14h à 18h • oct. : WE de 14h à 17h

+12 ans : 3,5 € • -12 ans : gratuit

Office de tourisme, place le Foiral
04 68 39 70 83
info@pratsdemollolapreste.com
www.pratsdemollolapreste.com

Atelier pour les enfants.

Randonnée mystère

à partir de 5 ans

Laroque-des-Albères

GRATUIT

À Laroque-des-Albères, on a trouvé le truc idéal pour donner envie aux enfants de faire des randonnées avec les parents (et vice-versa). On ne fait pas que se promener, on cherche et on se creuse les méninges tout au long du sentier. L'idée étant d'allier différents parcours nature avec des questions, des énigmes, des mots croisés ou encore des Sudoku (le tout adapté aux âges des participants) qui devront se résoudre à certains endroits du chemin. Une sorte de grand jeu de piste ludique à la découverte de la nature locale. Vous sont proposé deux randonnées faciles, une troisième, plus engagée (3h de marche environ), pour les 8-9 ans qui seront alors plongés dans le monde des bergers des Albères. Il y a une quatrième, mais celle-là on ne vous dira pas en quoi elle consiste. Sachez seulement qu'on l'appelle la «rando mystère» et que sa découverte se fait pas à pas toujours avec des jeux et des énigmes pour trouver son chemin. On peut aussi visiter le vieux village en faisant un rallye photo entre la fontaine des oiseaux, le cadran solaire, la source minérale, l'église ou encore le moulin.

À noter encore que des endroits pour pique-niquer à l'ombre ou au soleil sont nombreux le long de ces parcours et que des plans sont disponible au Bureau d'information touristique.

Toute l'année

4h (dont 1h30 à 2h de marche)

Bureau d'information touristique
20, rue du Docteur Carboneill
04 68 95 49 97 • www.laroque-des-alberes.fr
tourisme@laroque-des-alberes.fr

Randonnée mystère :
Carte IGN TOP25 2549 OT

Scanner pour obtenir les fiches avec les énigmes de cette rando mystère :

ADULTE ENFANT

À découvrir au départ du Bureau d'information touristique :

• Randonnée faune et flore » :
Au menu : chemin des Disputes, chênes-lièges, le canal d'irrigation, source minérale, rivière, chemin du Malès...

• Randonnée « découvrir le vieux village » :
Au menu : le Moulin de la Pave, l'Église Saint Félix, la Fontaine des Oiseaux, les Caranques, la chapelle Roca Vella et Sant Sebastia, la source minérale, et le cadran solaire.

L'association « bebeloc66 » propose des porte-bébés à la location.
(06 27 85 76 42 • kathleenleroy@hotmail.fr)

Le musée du liège

à partir de 5 ans

Maureillas-las-Illas

Le Vallespir, les Albères et les Aspres sont des régions propices au développement d'un arbre particulier : le chêne- liège. Longtemps, le liège a été exploité dans la vallée du Tech et sur les contreforts au-dessus d'Argelès et de Collioure surtout par les bouchonniers locaux. L'arrivée des matières synthétiques et de la concurrence portugaise a plongé les suberaies (plantation de chêne-liège) dans une certaine léthargie. Mais depuis quelques années, le liège revient en force, et pas seulement pour les bouchons. La décoration, l'isolation, les artistes sont friands de cette matière noble et vivante qui se plie à toutes les volontés. Cela méritait bien un musée. Il raconte l'histoire du chêne-liège, son écologie, et explique comment on écorce tous les 10 à 15 ans cet arbre sans l'abimer, et comment on obtient à partir du liège brut de bien beaux bouchons, ou des œuvres d'art.

De février à novembre

1h15

Juillet, août : de 10h à 12h30 et de 14h30 à 18h30 • hors-saison : 7j/7 de 14h à 17h (fermé le mardi)

Adulte : 3,50 € • enfant : 1,50 € -12 ans : gratuit

2 av. Maréchal Joffre
04 68 83 15 41 • www.maureillas.fr
museeduliege@orange.fr

LE SAVIEZ-VOUS

L'origine du drapeau catalan viendrait, dit la légende du comte de Barcelone Guifred el Pelut qui, blessé au combat, aurait passé sa main ensanglantée sur son bouclier d'or. D'où les quatre barres rouge sang sur fond d'or.

Le grenat est la pierre fine symbolique du pays catalan. Sa couleur rouge rappelle bien entendu la couleur du drapeau. Monté en bijou (bague, croix, broche…) avec une technique particulière dite « à la catalane ». Il est le signe de reconnaissance des Catalans du monde entier.

À Cerbère, la voie ferrée traverse les Pyrénées pour passer en Espagne, direction la gare de Portbou. L'écartement des rails n'étant pas le même dans les deux pays, c'est ici que durant de longues années les « transbordeuses » faisaient passer dans de grands paniers d'osier les oranges venues du sud de l'Espagne dans le train français qui partait vers Paris. Depuis on a inventé les essieux variables et le TGV qui passe, lui, dans un tunnel sous le Perthus.

Canyoning dans le Gourg des Anelles

à partir de 12 ans*

Céret

Canyon d'initiation, situé dans le massif des Albères non loin de la sous-préfecture de Céret. Il réservera aux amateurs de sensation de belles montées d'adrénaline, et ce dès le départ, car tout commence par une grande cascade de plus de 20 mètres. Mais ce n'est pas fini. Vous allez poursuivre votre progression dans la rivière, enchainer des sauts dans le vide avec réception dans des vasques naturelles, des glissades sur quelques toboggans de pierres lissées par des siècles de passage de l'eau, des descentes en rappel sans grande difficulté... Tous les sauts sont contournables si la hauteur vous paraît trop impressionnante. Mais croyez-en l'expérience des amateurs, vous prendrez rapidement goût aux épreuves aquatiques que propose le canyon. Ce qui est sûr, c'est que tous les aspects de cette activité vous seront offerts. Suivant la période de l'année et des précipitations précédentes, le canyon peut se révéler facile ou plus sportif. Comptez une vingtaine de minutes pour l'approche à partir du parking, et ensuite deux à trois heures de plaisir aquatique.

D'avril à octobre

2 à 3h

À partir de 45 €

En contrebas de la route départementale D13F en dir. de Las Illas.

Attention, avant le mois de juillet l'eau est encore fraîche.

* savoir nager au moins 30 m

Liste des professionnels spécialisés p.174

Le département regorge de nombreux canyons dont certains raviront les plus sportifs avec des descentes en rappel, des toboggans...

Le canyon de **Galamus** près du village de St-Paul-de-Fenouillet dans les Corbières : (+ 6 ans • à partir de 35 €) p.66

Canyon du Llech dans le massif du Canigou (+15 ans • à partir de 55 €).

Molitg et Taurinya dans le Conflent (+8 ans • à partir de 40 €) p.100

Sournia
Caramany
Col de Jau
1506
Molitg-
les-Bains
Ille-sur-Têt
Madrès
09
02
03
Vinça
01
09
PRADES
11
12
05
09
Olette
Col de
la Quillanne
1743
04
Vernet-
les-Bains
07
12
05
16
14
St-Martin-du-
Canigou
07
2784
14
Pic du canigou
Têt
ont-Louis
Amélie-les-
Tech

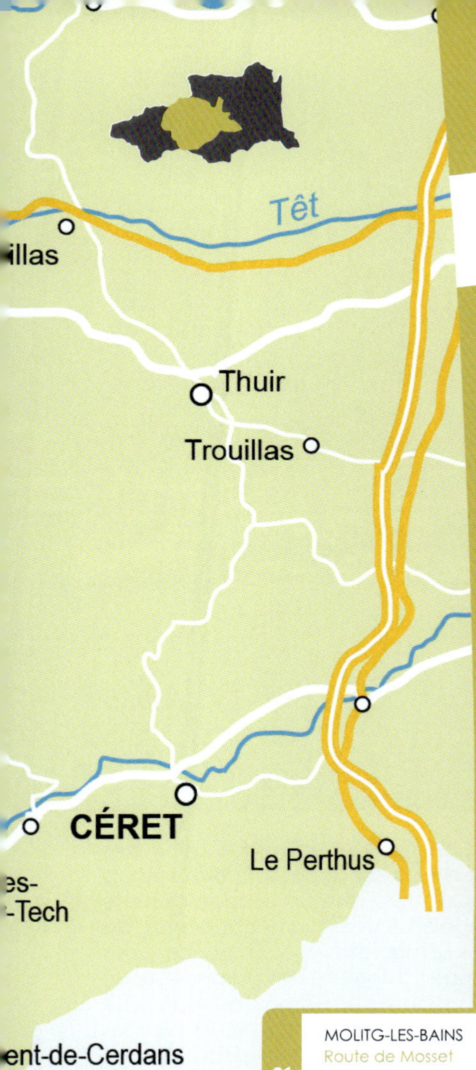

CONFLENT HAUT-CONFLENT

Zone de transition entre la plaine du Roussillon et la montagne, traversée par la rivière La Têt, le Conflent offre des paysages variés et de nombreux sites patrimoniaux liés le plus souvent à l'époque romane ou à celle de Vauban. C'est aussi en Conflent que les chemins qui mènent au Canigou prennent leur départ. De multiples circuits de promenade à pied ou en voiture vont vous faire découvrir les nombreux petits villages du secteur, les vergers de pommiers qui s'épanouissent dans la vallée, ou encore dans les petites stations thermales au charme suranné. Les plus courageux auront la possibilité de se mesurer aux gorges spectaculaires et abruptes de la Carança ou de descendre l'unique canyon d'eau chaude d'Europe. Les ferrovipathes auront à cœur de ressentir les vibrations du Train jaune qui serpente à son rythme vers les hauts cantons.

OÙ SE RENSEIGNER

MOLITG-LES-BAINS
Route de Mosset
04 68 05 03 28

VERNET-LES-BAINS
2 rue de la Chapelle
04 68 05 55 35

OLETTE
Maison du parc naturel régional des Pyrénées Catalanes
La Bastide
04 68 04 97 60

PRADES
10 place de la République
04 68 05 41 02

RODÈS
62 Route de Sainte Barbe
04 68 05 76 47

VILLEFRANCHE-DE-CONFLENT
33 rue Saint-Jacques
04 68 96 22 96

VINÇA
OT Intercommunal
Cave coopérative vinicole
17 avenue Général de Gaulle
04 68 05 82 13

Le parc aquatique du lac des Escoumes

à partir de 2 ans

Vinça

Le lac des Escoumes est le petit frère du grand lac de Vinça, celui qui est destiné à réguler le cours de la Têt et qui sert aussi de réserve d'eau pour la plaine. Mais les Escoumes sont réservés aux loisirs et à la baignade. Sur ce lac à l'entrée du village, sur votre gauche quand vous montez en Cerdagne, une base nautique a été aménagée pour les enfants et les familles. Plusieurs activités sont proposées dans cette oasis de détente, toutes plus ludiques les unes que les autres. Il y a par exemple des canoës, des pédalos, des kayaks, des paddles à la location, des jeux gonflables les plus divers pour tous les âges (toboggans, catapulte, château gonflable, trampoline, tyroliennes, ventriglisse et un tout nouveau Waterjump flottant). Un laser game extérieur ravira les enfants de plus de 7 ans. Une aire aqualudique avec des jeux d'eau est accessible aux enfants de plus de 2 ans. Un espace détente a également été aménagé près de deux guinguettes où vous pourrez vous allonger, à l'ombre des parasols, sur un transat ou sur un hamac pendant que vos enfants se divertissent. Le lac des Escoumes est une excellente alternative à la plage et à la mer.

De mai à septembre

Juillet, août : 7j/7 de 11h à 19h
Autre période : de 12h à 18h

À partir de 5 €

Aquagliss 66, lac de Vinça, RN 116
07 68 24 83 48 • www.aquagliss.fr
aquagliss66@gmail.com

Snack, buvette.

La base de loisirs Kap'oupa kap

à partir de 3 ans

Eus

Cette base de loisirs familiale propose dans le Conflent une ribambelle d'activités nature, aquatiques, terrestres et aériennes pour toute la famille. La terre, avec des kartings à pédales ou des descentes de la montagne en trottinettes tout terrain (dès 7 ans), l'eau avec des évolutions dans les rapides de la rivière sur des bouées (dès 12 ans), ou plus calmement si le courant est faible avec des stand-up paddle (dès 8 ans), et l'air avec de l'accrobranche et des tyroliennes (dès 3 ans). Sur place aussi, des murs d'escalade et des petits jeux.

Toute l'année

3h

Juillet, août : 7j/7 de 10h à 18h
Vac. scol. et jrs fériés : de 14h à 18h

Les parcours aventure :
Enfant (-1m20) : 12 €
Enfant (-1m40) : 16 €
Adulte (+1m40) : 22 €
Autres activités : à partir de 20 €

Lieu-dit Las Pharaderes
06 88 48 06 45 • www.kapoupakap.fr
sarl.kapoupakap@live.fr

Aire de pique-nique, snack.

Retrouvez les
Guides Marmouset
sur Facebook

La base de loisirs Extérieur nature

à partir de 3 ans

Marquixanes

Idéalement située sur une rive de la Têt, la base de loisirs propose dans un parc arboré et ombragé de 2,5 hectares, une grande quantité de jeux divers aux couleurs nature. Au menu, 9 parcours accrobranche allant de un à douze mètres de haut dont le parcours Microbe pour les enfants dès 3 ans et des tyroliennes. La base de loisirs propose aussi des activités nautiques comme le tubing (sur place) ou encore le canyoning (voir p.66, 89, 100, 109), le rafting et l'hydrospeed non loin du site de Marquixanes (voir p.71).

D'avril à octobre

3h

Juillet, août : 7j/7 de 10h à 20h
Hors-saison : WE, jrs fériés et vac. scol. de 13h à 18h

2 parcours (-1m20) : 10 €
7 parcours (+1m40) : à partir de 15 €
Tubing : à partir de 10 €

Route d'Eus • 04 68 05 72 12
contact@exterieur-nature.com
www.exterieur-nature.com

Aire de pique-nique, bar, petite restauration en été.

Pêche à la truite

à partir de 3 ans

Olette

On peut initier les plus petits à la pêche en les entrainant au bord de la mer et en lançant les lignes pour espérer sortir mulets, sars, dorades ou selon l'environnement des poissons de roche... Mais il y a fort à parier que l'attente si chère aux pêcheurs vienne à les lasser. Alors on peut aussi planter ses cannes dans des lacs d'eau douce plus poissonneuse avec plus de chance de sortir une truite ou un saumon de rivière. On pourra même le plus souvent installer ses chaises de camping et sa glacière à l'ombre des arbres, en se laissant bercer par le clapotis de l'eau et les cris de joie des enfants ayant leurs premières touches. Certains de ces lacs privés ne nécessitent pas de permis et garantissent pratiquement à coup sûr la bonne pêche même pour un débutant sans expérience. Après, à vous de préparer et partager avec toute la famille ces salmonidés fraîchement pêchés.

De mai à octobre

De 30 min à la journée

À partir de 2,50 €/truite

Le plan d'eau de la Bastide est situé en contrebas de la RN116 en direction d'Olette à 1,5 km après Joncet.
06 88 45 35 35 • 04 68 96 40 49
serge.ballester@outlook.fr
contact@peche-a-la-truite-66.fr
Permis de pêche non obligatoire.

Les grottes des Canalettes

à partir de 3 ans

Villefranche-de-Conflent

Situées à 300 m de la ville fortifiée de Villefranche-de-Conflent, classée au patrimoine mondial de l'UNESCO, les grottes des Canalettes ont la particularité de regrouper sur un même site l'ensemble des concrétions que l'on peut découvrir dans le monde souterrain. De quoi ravir tous les curieux. Les propriétaires du site ont durant des années aménagé les grottes afin que l'accès et la promenade soient facilités. De nombreuses passerelles et des escaliers sont présents, pour les bébés le porte-bébé sera obligatoire, car il est impossible d'y évoluer avec une poussette. Deux parcours sont proposés, les Grandes Canalettes avec une visite libre, il suffit de suivre l'itinéraire fléché ponctué par des panneaux explicatifs, et les Canalettes qui vous seront présentées avec la présence d'un guide.

Durant l'été, il est possible d'assister à un spectacle son et lumière proposé plusieurs fois dans la journée. Photos et vidéos autorisées. À l'intérieur des grottes la température est constante, elle se situe à 14 degrés, prévoir un gilet pour vous et les enfants.

Pour une rencontre ludique et pédagogique, visitez à l'extérieur des grottes le parc des dinosaures sur le chemin des Canalettes.

De février à décembre 7j/7
(fermé en janv. et le 25 déc.)

1h à 2h pour les grandes Canalettes

Les Grandes Canalettes :
En été : visites de 10h à 17h30
Printemps/automne : de 10h à 17h

Les Canalettes (ouvert en été uniquement) : départ des visites guidées toutes les heures de 11h à 16h (fermé le sam.).

Adulte : 10 € • de 5 à 12 ans : 6 €
-5 ans : gratuit

K200 Route de Vernet-les-Bains
04 68 05 20 20 • 06 32 36 30 60
infos@grottescanalettes.com
www.grottescanalettes.com

Aire de pique-nique, snack.

Un quizz avec lampe torche et lunettes 3D est disponible pour les enfants (6 €).

Le parc animalier de Casteil

à partir de 4 ans

Casteil

Un parc animalier sur 25 hectares en pleine nature. On peut y découvrir de nombreux animaux qui ont trouvé ici un lieu des plus paisibles et des plus sauvages pour écouler leur vie. Au cours de votre promenade sur les sentiers balisés, vous allez croiser des lions, lynx, loups, singes, rennes, cerfs, yacks et même des ours. Des panneaux didactiques donnent des informations sur le biotope et les habitudes des animaux sauvages. En période estivale, les mardis, jeudis et dimanches on peut aussi assister à la distribution de la nourriture aux animaux. Certains enclos avec des animaux domestiques paisibles sont accessibles aux enfants qui pourront les toucher et les caresser sous la surveillance des parents.

Attention, le parcours est assez long (3,5 km), exposé en grande partie au soleil, des équipements de protection comme une casquette et la crème solaire sont de rigueur tout comme des bouteilles d'eau. Les poussettes ne pourront pas passer partout, prévoir un porte-bébé pour les plus petits (prêt gratuit sur place). Le long du parcours, on trouve aussi des bancs et quelques jeux pour les enfants.

Toute l'année 7j/7 • (fermé des vac. de la Toussaint à début déc.)

2h ou plus

Juillet, août : de 9h30 à 18h
fermeture : 20h

Distribution de la nourriture :
Les loups : 10h30, le lynx 11h30
Les lions : 15h, les ours : 15h30
De sept. à juin : consultez leur site web

Adulte : 14 € • de 3 à 12 ans : 10 €
- 3 ans : gratuit

Rue du Cady • 04 68 05 67 54
cases.ju@gmail.com
www.parcanimaliercasteil.com

Aire de pique-nique, snack-bar, espace jeux.

Prêt gratuit de porte-bébés.

L'arborétum de Vernet-les-Bains

à partir de 4 ans

GRATUIT

Vernet-les-Bains

Ici, on préfère parler de « village arboretum » qu'arboretum tout court. La station thermale du Conflent blottie à 680 mètres d'altitude au cœur du Parc naturel régional des Pyrénées-Orientales a toujours été proche d'une démarche écologique et de valorisation de la nature. Un travail de nombreuses générations, dont celle plus proche de nous, les enfants des écoles dans les années 90, qui toutes, chacune à leur tour, ont valorisé et protégé ce remarquable patrimoine arboré de Vernet-les-Bains. Pas moins de 2000 arbres sont ainsi identifiés, 700 sont étiquetés et l'Office de tourisme met à disposition un répertoire des espèces (7€) qui décrit précisément 300 arbres remarquables à découvrir au cours de votre promenade bucolique dans la station, ses jardins, ses parcs et ses espaces verts. Tout le village est ainsi un arboretum. Original et très particulier, le parc Charles-Trénet (qui fut avec ses amis un habitué de la station) abrite des essences les plus intéressantes. Certains arbres plongent leurs racines directement dans l'eau thermale chaude, ce qui provoque parfois suivant les saisons l'émanation de vapeur d'eau autour du tronc. L'évolution de l'arboretum est constante, car à chaque naissance dans la commune les parents plantent eux aussi un nouvel arbre. On se doute qu'ici la nature a trouvé son petit paradis.

Toute l'année

1h30

24h/24

Maison du Patrimoine
2 rue de la chapelle
04 68 05 55 35
www.tourisme-canigou.com
www.villagearboretum.fr
vernetlesbains@tourisme-canigou.com

De mai à septembre, des visites guidées sont organisées.
Se renseigner à l'Office de tourisme.

MOTS FLÉCHÉS

1

4

7

10

2

5

8

11

3

6

9

12

Solutions p.142

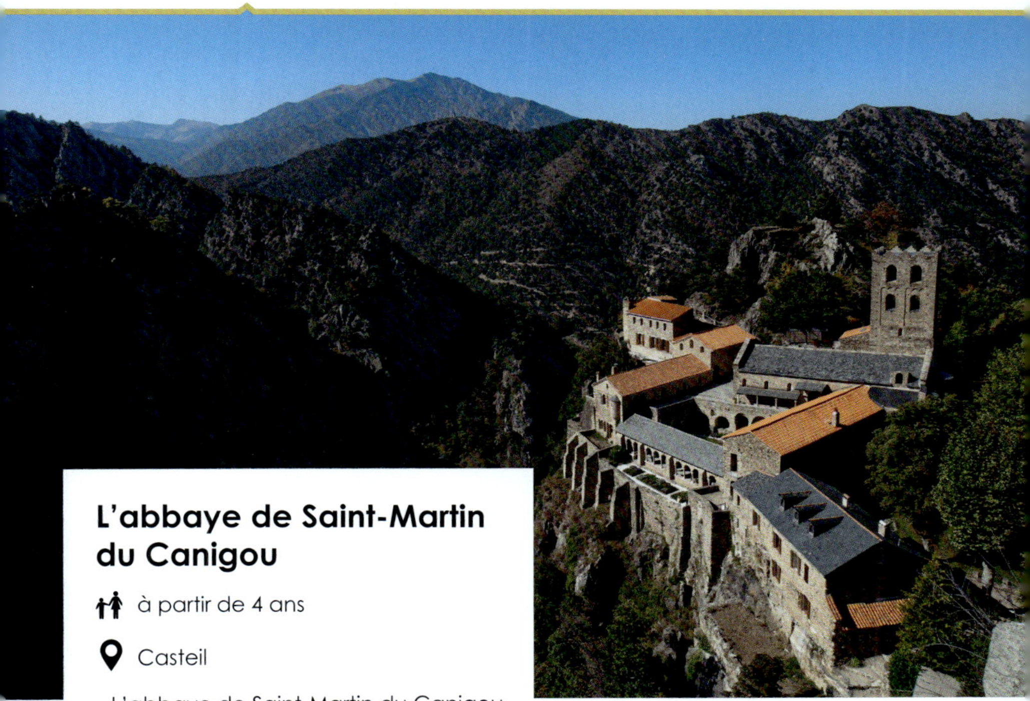

L'abbaye de Saint-Martin du Canigou

à partir de 4 ans

Casteil

L'abbaye de Saint-Martin du Canigou est située au cœur du massif du Canigou (d'où son nom), et pour accéder à son piton rocheux, il faudra emprunter le sentier qui serpente dans la forêt et qui grimpe jusqu'au pied du site à 1100 m d'altitude. Compter une demi-heure de marche au moins, le sentier est très praticable, mais l'ascension n'est pas que spirituelle. Quand on imagine qu'à l'époque de son édification, au XIe siècle, tous les matériaux de construction ont suivi le même chemin sur le dos des hommes de foi qui ont consacré leur vie à l'édifice, on ne peut qu'être admiratif. L'histoire de Saint-Martin a connu des hauts et des bas, car durant un siècle, entre 1800 et 1900, l'abbaye a été abandonnée avant d'être restaurée au début du XXe. Aujourd'hui, elle est occupée par une communauté religieuse qui fait vivre spirituellement le lieu. Les frères et les sœurs proposent aussi des visites guidées de l'abbaye. À voir la crypte semi-enterrée et l'église abbatiale, toutes deux du XIe siècle, mais aussi le cloître et ses chapiteaux de marbre. Ne manquez pas celui de Salomé. Je ne vous en dis pas plus…

De février à décembre (visites)

45 min de marche pour rejoindre l'abbaye • visite : 1h

Visites : de juin à sept. : de 10h à 12h et de 14h à 17h • d'oct. à avril : de 10h à 11h (12h30 les dim. et fêtes religieuses) et de 14h à 16h

Adulte : 6 € • enfant : 4 €
-12 ans : gratuit

04 68 05 50 03
info@stmartinducanigou.org
www.stmartinducanigou.org

Un service de transport en 4x4 existe : JPB transports
04 68 05 99 89 • 06 50 33 95 79
www.canigou-en-4x4.com
jpbtransports@bbox.fr

Les chiens ne sont pas admis dans l'abbaye. Lors de votre visite, vous pourrez attacher votre compagnon dans un endroit clos prévu à cet effet.

Balade en quad

à partir de 6 ans

Rodès

Plus stable et plus sécurisant que la moto, surtout pour les non-initiés, le quad est le véhicule idéal pour emprunter les sentiers escarpés qui serpentent dans la montagne de l'arrière-pays. Encore faut-il être encadré pour ne pas se perdre. Accroquad 66 vous propose un encadrement spécifique (moniteur diplômé) pour vous faire découvrir le piedmont du Canigou et vous mettre sur les chemins de balade difficiles à envisager à pied ou même en vélo tout terrain.

La structure possède deux circuits pour l'initiation étalés sur 3 ha, histoire de maitriser l'engin à quatre roues, et ensuite, si le cœur vous en dit, à vous la balade découverte en petit groupe dans la moyenne montagne. Elles se déclinent avec des timings allant d'une demi-journée à la journée, en solo ou avec un passager.

Toute l'année sur réservation

Juillet, août : mar. et sam. de 14h à 18h

Enfant : 10 €/10 min
Adolescent et adulte : 20 €/15 min

Accroquad 66
1 chemin Domanova, RN 116
06 12 46 43 94• www.accroquad.com

Canyoning à Molitg et Taurinya

à partir de 6 ans (savoir nager)

Molitg-les-Bains, Taurinya

Le canyon de Molitg est peu connu, mais intéressant notamment par la présence de toboggans naturels peaufinés par le passage durant des siècles de l'eau de la rivière Castellane. On y trouve aussi des sauts de 2 à 6 mètres (ils sont facultatifs si vous ne vous sentez pas l'audace de les affronter), mais vous n'échapperez pas à des descentes en rappel, une de 3 mètres et une autre de 10. Rien d'insurmontable, le canyon peut d'ailleurs être pratiqué par des enfants à partir de 6 ans.

Le canyon de Taurinya quant à lui propose un rappel de 4 mètres (facultatif), des petits sauts (3 m max) et des toboggans. Ces deux sites sont idéals pour une découverte de l'activité aquatique.

D'avril à octobre

1/2 journée

À partir de 40 €

Liste des pros pour vous accompagner en canyon : p.174

D'autres canyons sont à découvrir dans les Pyrénées-Orientales :

Le **Gourg des Anelles** près de Céret (+12 ans • à partir de 45 €) voir p.89.

Le **canyon du Llech** dans le massif du Canigou au-dessus du village de Villerach (+15 ans • à partir de 55 €).

Le canyon de **Galamus** près du village de St-Paul de Fenouillet (+8 ans • à partir de 35 €) voir p.66.

Le fort Libéria

à partir de 6 ans

Villefranche-de-Conflent

Tout au-dessus du village fortifié de Villefranche-de-Conflent on découvre le Fort Liberia. Cette réalisation due à Vauban puis renforcée par Napoléon III devait assurer la surveillance et la sécurité de la vallée de la Têt. Les soldats qui l'occupaient -parfois jusqu'à 100- pouvaient même y vivre en totale autonomie en cas de siège.

Le site fortifié est relié au village par un long souterrain qui comporte près de 800 marches, compter 20 minutes pour la montée. On peut heureusement y accéder aussi par une piste avec une navette 4x4. L'architecture du fort se décline sur plusieurs niveaux, le plus haut permet d'avoir une vision très large sur le village, ses remparts et sur le massif du Canigou.

Les amateurs d'architecture militaire apprécieront le chemin de ronde, les échauguettes, la galerie de contrescarpe, la chapelle, les bastions, et aussi le musée qui retrace l'étonnante histoire des empoisonneuses. Le fort a aussi une spécificité, celle d'héberger une colonie de chauves-souris que l'on peut observer grâce à une caméra infrarouge.

Toute l'année 7j/7

4h (dont 1h45 pour l'accès et le retour)

Juillet, août : de 9h à 20h
Mai, juin : de 10h à 19h
Fév. à avril et de sept. à nov. : de 10h à 18h
Déc., janv. : de 10h à 17h

Adulte : 7 € (navette : +3 €)
de 5 à 10 ans : 4 € (navette : +1,30 €)
-5 ans : gratuit

04 68 96 34 01 • 06 08 47 99 75
www.fort-liberia.com
fortliberia@yahoo.fr

Grillades, friandises (en été uniquement), bar. Expositions diverses toute l'année. Musée Plan Relief et armures anciennes (19 rue St-Jean).

Le musée de la mine

à partir de 6 ans

Escaro

On l'oublie parfois, mais le département a eu durant des siècles, depuis les Romains pour être précis, une activité minière plus ou moins importante. Les flancs du Canigou renfermant des filons de minerai de fer importants que l'on exploitait avec des techniques particulières. C'est pour préserver la mémoire de ces mineurs et les sites sur lesquels ils travaillaient qu'une association d'anciens mineurs a créé le musée de la mine sur la commune d'Escaro, ancien carreau minier. À découvrir les outils de l'époque, une loco diesel, les wagonnets, une reconstitution de galerie, tout pour se replonger dans le monde mystérieux des mineurs de fer.

De mai à octobre

1 à 2h

De mi-juin à mi-sept. : 7j/7 de 15h à 18h (fermé le jeudi) • de mai à mi-juin et de mi-sept. à fin oct. : WE et jrs fériés de 15h à 18h

Adulte : 3 € • enfant : 2 €

Route du Pla de Gante
04 68 97 15 34 • 06 27 56 00 66
memoiredelamine@hotmail.com

LE SAVIEZ-VOUS ?

La haute teneur en fer du minerai du Canigou serait à l'origine des accidents d'avions dans le massif. Le plus important étant celui du crash d'un Douglas qui faisait la liaison Londres-Perpignan en 1961 (34 morts). Certains experts estiment que les instruments de navigation ont été perturbés par la présence de fer dans le sol. On en discute encore dans les milieux autorisés.

La cité médiévale de Villefranche-de-Conflent

à partir de 6 ans

GRATUIT

Villefranche-de-Conflent

Installée tel un verrou à l'endroit où la Têt passe par un étroit goulot, Villefranche-de-Conflent a conservé tout son charme de cité médiévale. Enserrée dans des remparts parfaitement conservés, la ville se décline sur quelques longues ruelles préservées des voitures et bordées de multiples échoppes, restaurants et marchands de souvenirs. Les artisans locaux vous proposent leurs productions les plus diverses et les figurines de petites sorcières, tout ce qu'il y a de plus sympathique, ces sorcières faisant partie des légendes locales.

Question histoire, Villefranche longtemps considérée comme la capitale du Conflent (maintenant c'est plutôt Prades) a toujours été une cité marchande de par son positionnement géographique au carrefour de deux vallées. C'est aussi cette position stratégique qui l'a faite gardienne du passage. Vauban qui a remanié ses fortifications l'avait bien compris. Un ensemble qui a séduit l'UNESCO en inscrivant Villefranche sur la liste du patrimoine mondial en 2008. Un plus pour le tourisme et pour la renommée du village et de la vallée.

Toute l'année

2h

04 68 96 22 96
www.tourisme-canigou.com
villefranchedeconflent@tourisme-canigou.com

Un livret jeu pour les enfants est disponible à l'entrée des remparts.

Les gorges de la Carança

à partir de 7 ans

Thuès-entre-Valls

GRATUIT

Un site de randonnée dans une nature sauvage à réserver surtout aux personnes qui n'ont pas le vertige. Quand vous vous engagez dans les gorges du torrent qui court à vos pieds (la Carança), vous allez enchainer des passages plus ou moins faciles avec des échelles, un pont de singe, des passerelles suspendues, mais aussi de longs parcours en corniche, un chemin étroit taillé dans la roche surplombant de plus de 100 m le torrent. Rien d'insurmontable si vous êtes en forme, mais si la proximité du vide toujours présent vous provoque des angoisses, ce sera certainement différent. Une main courante en câble sécurise les passages délicats.

On peut faire tout le parcours jusqu'au refuge (1831 m d'altitude), et ensuite pousser jusqu'au lac (l'Estany de Carança 2264 m d'altitude). Vous mettrez environ 4 à 5 heures pour atteindre le refuge, et vous poursuivrez la suite le lendemain (2 à 3 heures de marche à prévoir, mais plus si la neige est encore là). Bien entendu, vous pourrez aussi faire demi-tour quand bon vous semblera. Il est possible de faire un parcours en boucle en passant par le roc de la Madrieu.

D'avril à octobre

Parking payant avec aire de pique-nique, point d'eau, petite épicerie et buvette.

Relais de la Carança : 04 68 97 08 61

Refuge du Ras de la Carança : 30 places • 09 88 66 73 81
Ouvert de juin à mi-septembre.

Boucle : sentier de corniche et retour par le roc de la Madieu : comptez 2h30 aller-retour avec 200 m de dénivelé et si vous souhaitez remonter jusqu'à la fin des passerelles, rajoutez 2h30 et +250 m de dénivelés.

Itinéraire aller par la corniche jusqu'au 1er pont suspendu : 1h30

Itinéraire retour par la rive gauche et le roc de la Madrieu : 1h

L'aller-retour au refuge du Ras de la Carança se fait entre 8h à10h avec un +1000 m de dénivelés.

Depuis le parking des gorges, passez sous le pont du Train jaune puis traversez un court tunnel creusé dans la roche. Vous longez le torrent jusqu'au pont. Deux possibilités s'offrent alors à vous : le parcours en corniche sur la rive gauche ou celui de la rive droite.

Parcours rive droite (pour les personnes ayant le vertige) : continuer le chemin à gauche afin d'éviter la corniche.

Parcours en corniche : franchissez le torrent et grimpez en lacet jusqu'à atteindre la corniche. Le chemin devient étroit et vertigineux, des passages ont été creusés dans la roche. Le sentier laisse alors place à un système d'échelles et de passerelles qui permettent d'atteindre un pont suspendu qui enjambe le torrent. Vous êtes rejoint par le sentier qui chemine rive droite que vous pouvez emprunter pour effectuer une boucle (roc de la Madrieu). Si vous souhaitez poursuivre jusqu'au refuge vous allez devoir franchir la rivière à plusieurs reprises et cheminer tantôt rive gauche tantôt rive droite.

LE SAVIEZ-VOUS ?

Mais pourquoi les Hommes ont-ils ressenti le besoin de tailler dans la roche des corniches et un sentier aussi périlleux ? Ces passages étaient destinés à descendre le bois exploité.

L'ascension du sommet du Canigou

GRATUIT

à partir de 7 ans
et moins si vous le portez...

Vernet-les-Bains, Prades

Pour les Catalans le Canigou est une montagne sacrée dont il faut avoir fait au moins une fois l'ascension. Ils sont nombreux aussi les touristes qui veulent pouvoir dire à leur tour « je l'ai fait ». Rien d'insurmontable, cette ascension ne relève pas de l'exploit sportif démesuré, elle est possible à toute personne un peu endurante. Mais comme toujours en montagne, il est nécessaire de ne pas partir à la légère et de s'y préparer un minimum, on voit encore trop souvent des inconscients se lancer à l'assaut du sommet en tong ou en mocassin. La météo doit aussi avoir été consultée, un orage par exemple ou une brume tenace, voire la neige en fonction de l'époque, peuvent transformer une randonnée en un véritable cauchemar. Mais si vous tenez compte de ces basiques, alors le pic est à votre portée. Dans tous les cas, l'équipement doit comporter de quoi vous réhydrater, des encas pour la faim qui viendra assez vite, de quoi vous protéger du soleil (casquette, lunettes de soleil, crème solaire...) et aussi de quoi faire face éventuellement à une pluie, mais aussi au froid, le pic culmine à 2784 m.

Plusieurs accès sont possibles pour attaquer la montée. On peut la démarrer du chalet des Cortalets (piste accidentée et autorisée uniquement aux compagnies de transport). Des Cortalets comptez trois heures trente de marche aller-retour sur un sentier balisé. Il s'agit de l'itinéraire le plus aisé, mais aussi le plus fréquenté en saison estivale.

Les plus courageux peuvent aussi démarrer la randonnée à partir du refuge de Mariailles. Il faudra alors compter 8 heures de marche pour une petite vingtaine de kilomètres de montagne. Pour éviter d'emprunter la piste accidentée qui mène au refuge, on peut laisser son véhicule au col de Jou, ajouter alors au moins deux heures de marche pour Mariailles. Dans ce cas, nous vous recommandons de prévoir l'ascension sur deux jours avec une nuit passée au refuge. Quel que soit le parcours choisi, les paysages que vous allez embrasser seront splendides et vous ne regretterez pas l'effort que vous aurez consenti pour parvenir au sommet du pic où vous pourrez admirer toute la plaine du Roussillon avec comme toile de fond la Méditerranée.

Vous avez également la possibilité de réaliser une randonnée d'une journée à plusieurs jours dans le massif du Canigou avec un âne (voir la fiche « Randonnée avec un âne » p.163 - Où louer : p.179).

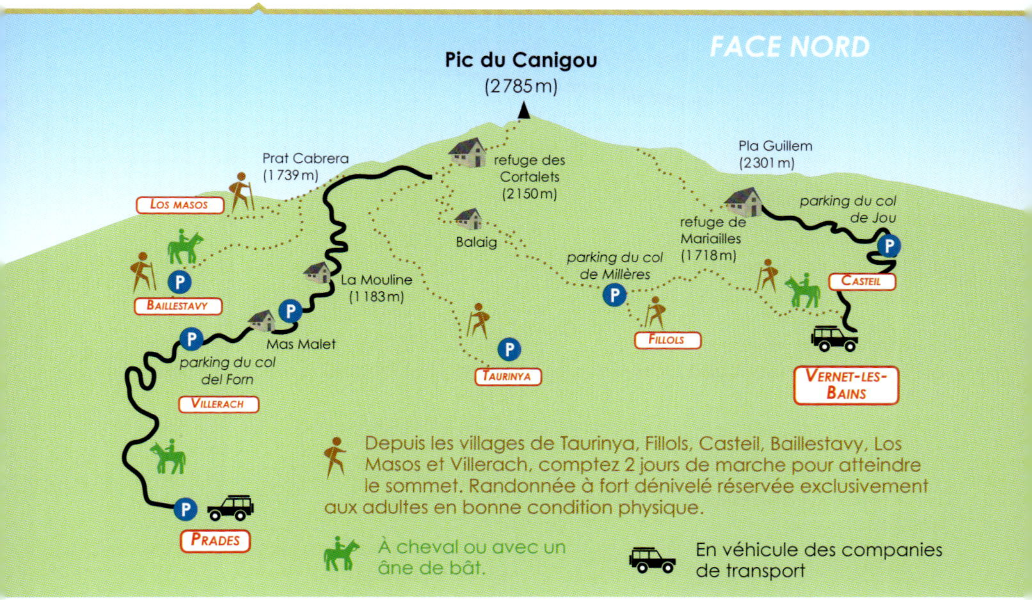

De mai à septembre

Aller-retour au sommet depuis :
- Le chalet des Cortalets : 1h45 à 2h
- Le refuge des Mariailles : 4h

Accompagnateur en montagne :
Adulte : à partir de 20 €/demi-journée
Enfant : à partir de 14 €/demi-journée

www.canigo-grandsite.fr

Repas, boissons et hébergement possible dans les refuges.

Refuge de Mariailles :
Ouvert de mi-avril à fin oct.
04 68 05 57 99 • www.refugedemariailles.fr

Chalet de Cortalets :
Ouvert de mi-mai à mi-oct.
04 68 05 57 99 • www.cortalets.com

Carte IGN 1/25 000e : TOP 25 2349T

Compagnies de transport en 4x4 :

La caravelle du Conflent • 06 11 22 48 79
www.la-caravelle-du-conflent.com
lacaravelleduconflent@gmail.com

Les Jeeps du Canigou
04 68 05 99 89 • 06 50 33 95 79
jpbtransports@bbox.fr

LES RÉPONSES DU QUIZZ "CONNAISSANCES"

1 / Quelle est le plus haut sommet du département ?
- *Le pic du Canigou (2785 m)*
- *Le pic Carlit (2921 m)*
- *Le pic du Madrès (2469 m)*

2 / Dans quelle ville se déroule le festival de musique Pablo Casals ?
- *Rivesaltes*
- *Thuir*
- *Prades*

3 / Comment s'appelle l'orchestre qui joue la sardane ?
- *Le Gobelet*
- *La Cobla*
- *La Tordi*

4 / Le Village de Collioure est connu pour être :
- *Le paradis des peintres*
- *Le paradis des pêcheurs*
- *Le paradis des surfeurs*

5 / Qu'est-ce que la Trobada ?
- *Une danse*
- *Une recette*
- *Un rassemblement au sommet du Canigou*

6 / Combien de litres contient la plus grande cuve en chêne du monde à Thuir ?
- *1 000 000 litres, mesure 10 m de haut pour 12 m de diamètre (voir p.21)*
- *1 000 000 000 litres*
- *100 000 litres*

7 / Où se situe la fabrique de Vigatanes (espadrilles catalanes) :
- *Prats-de-Mollo*
- *Amélie-les-Bains*
- *Saint-Laurent-de-Cerdans*

8 / Que disait Salvador Dalí à propos de la gare de Perpignan ?
- *C'est son principal lieu d'inspiration*
- *C'est le centre du monde*
- *C'est la gare du soleil*

Quelle est la commune située le plus au sud de la France continentale ?
- *Lamanère*
- *Cerbère*
- *Las Illas*

10 / Du minerai de fer des mines du massif du Canigou a été utilisé pour forger :
- *La grille du Jardin du Luxembourg*
- *La grille du Palais de l'Élysée*
- *La grille du château de Versailles*

(voir le musée de la mine p.102)

11 / Quelles sont les gorges les plus étroites du monde ?
- *Les gorges de Galamus (voir p.66)*
- *Les gorges de la Carança (voir p.104)*
- *Les gorges de la Fou (voir p.79)*

12 / Qu'est ce que le Touron ?
- *Un biscuit catalan*
- *La coiffe traditionnelle des Catalans*
- *La barque de pêche catalane*

13 / Dans quelle village se déroule chaque année en été le concours international de chiens de berger ?
- *Font-Romeu*
- *Osséja*
- *Mantet*

14 / Quel est le plus grand barrage du département ?
- *Le barrage de Vinça*
- *Le barrage des Bouillouses*
- *Le barrage de Caramany*

15/ Quel événement a lieu chaque année en septembre à Perpignan ?
- *Le festival international de littérature*
- *Le concours international des jeunes pianistes*
- *Le festival international de photo-journalisme*

Le canyon d'eau chaude de Thuès-les-Bains

à partir de 10 ans

Thuès-les-Bains

C'est une expérience que l'on ne peut faire qu'à Thuès-entre-Valls. Et de préférence en hiver, vous allez comprendre pourquoi. Le sous-sol du secteur regorge de sources d'eaux chaudes, il existe même une rivière, ou plutôt un canyon, qui est alimenté par une de ces sources sulfureuses. Été comme hiver, l'eau sort des entrailles de la Terre à plus de 60 degrés. Pour descendre ce canyon, comptez au total environ trois heures d'efforts. Il vous faudra une bonne demi-heure de marche sur un semblant de sentier escarpé pour atteindre le départ. La descente débute par de belles vasques à 35°C, puis rapidement un premier rappel de 25 mètres vous attend. La descente est ponctuée par quelques toboggans et rappels. La température de l'eau diminue progressivement pour bientôt passer sous la barre des 20°C... Si la température extérieure est fraîche, une brume se dégagera du canyon donnant alors à la descente une ambiance originale et féérique. Le passage sous les rails du Train jaune annonce la fin de l'aventure. Un dernier rappel, facultatif celui-ci, d'une bonne trentaine de mètres et qui passe sous la route nationale. Autant de caractéristiques des plus originales soit, mais qui nécessitent un équipement adéquat notamment une combinaison intégrale, un casque, un baudrier, une longe, des cordes... Il est bien entendu conseillé de s'adjoindre les services d'un guide pro.

Toute l'année (idéalement à faire en hiver)

3h (dont 2h de descente)

À partir de 45 €

Liste des professionnels spécialisés p.174

SOLUTIONS

I	H	E	A	W	I	J	L	P	C	H	Q	T	J	I	O	U	K	K	I
N	S	R	Q	A	X	Y	Y	C	E	S	A	Y	O	N	Y	U	E	T	X
X	H	N	C	C	M	E	P	Z	B	H	R	R	M	X	E	E	H	E	M
O	V	D	G	H	Y	H	O	O	H	V	E	Y	X	O	F	A	J	P	Y
O	Y	A	K	È	E	X	U	W	U	Y	A	A	U	O	U	O	I	E	E
I	L	E	P	V	V	V	L	J	X	L	U	C	Z	I	H	T	I	U	V
I	N	H	I	R	E	X	A	Y	C	N	E	X	H	I	T	X	O	T	E
E	Y	Y	N	E	A	Z	I	L	Z	Y	E	G	B	E	J	M	J	N	A
X	S	C	T	V	O	D	N	U	L	S	B	I	Y	X	O	O	Q	O	O
A	E	A	A	A	T	B	H	C	X	E	C	Y	R	A	I	F	J	N	T
J	C	Y	D	N	E	U	I	U	D	C	N	O	A	J	J	L	B	Q	E
S	Y	U	E	A	A	V	J	O	N	Y	X	S	C	S	J	Y	T	J	A
H	X	C	O	Q	B	R	I	O	O	X	U	B	A	H	A	K	D	D	B
L	S	R	E	H	E	O	D	V	A	S	E	E	B	L	O	O	O	E	E
A	E	P	O	N	E	Y	U	A	B	E	I	N	N	A	J	N	I	Y	E
P	E	X	U	J	K	I	Y	C	E	E	G	S	Q	P	L	G	C	Y	K
M	H	E	A	W	I	J	L	P	C	H	Q	T	J	I	O	U	K	K	I
O	S	R	Q	A	X	Y	Y	C	E	S	A	Y	O	N	Y	U	E	T	X
F	H	A	O	Y	P	P	O	Q	C	H	I	E	N	R	E	F	I	O	P
L	N	C	C	M	E	P	Z	B	H	R	R	M	X	E	E	H	E	M	E
A	E	A	A	A	T	B	H	C	X	E	C	Y	R	A	I	F	J	N	T
J	C	Y	D	N	E	U	I	U	D	C	N	O	A	J	J	L	B	Q	E

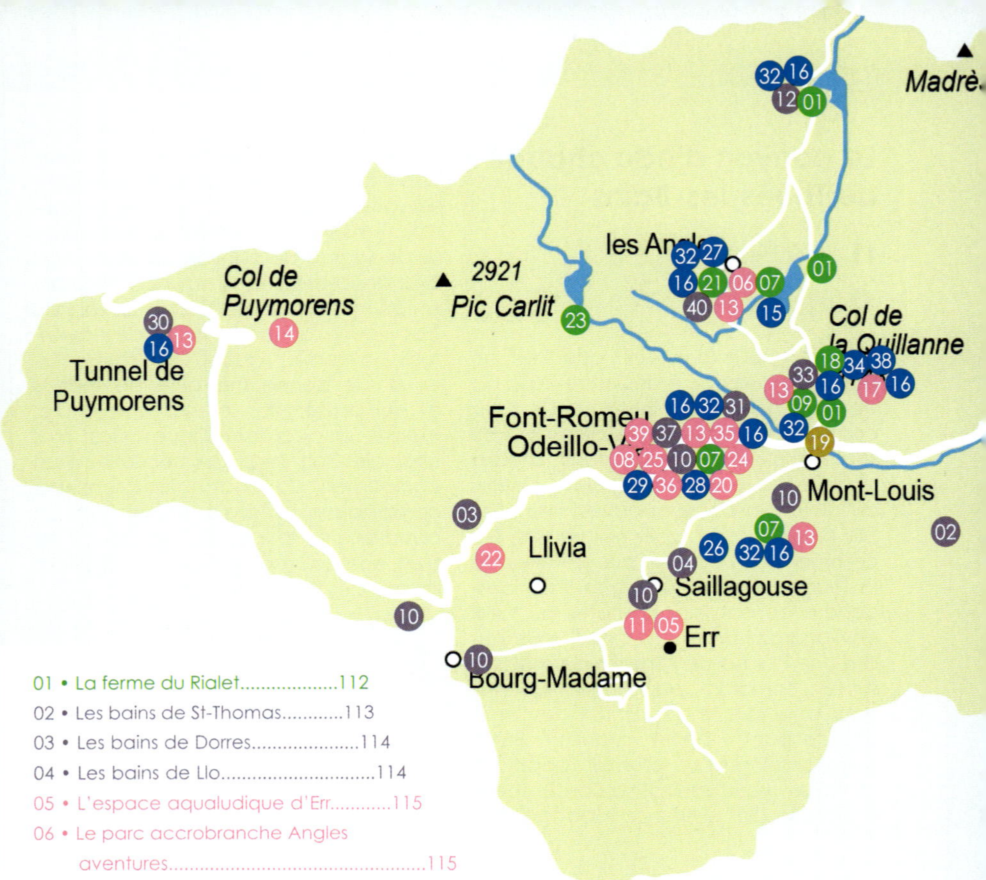
Madrè
Col de
Puymorens
2921
Pic Carlit
Tunnel de
Puymorens
les An
Col de
la Quillanne
Font-Romeu
Odeillo-V
Mont-Louis
Llivia
Saillagouse
Err
Bourg-Madame

CERDAGNE CAPCIR

On est là dans les hauts cantons, en montagne, entre 1600 et 2921 mètres. Le royaume des pratiques liées à la neige (ski, luge, raquettes...). Mais en dehors de la saison hivernale, la Cerdagne et le Capcir ont bien des choses à vous offrir. Ici, il y a de l'espace, de la verdure, des lacs, du grand air donc des activités des plus nombreuses, liées le plus souvent au sport ou en tout cas à la nature. Été comme hiver, vous avez la possibilité de vous prélasser dans des bains d'eau chaude naturelle nombreux dans le secteur. La nature est bien faite.

OÙ SE RENSEIGNER

BOURG-MADAME
Place de Catalogne
09 81 63 19 00

BOLQUERE - PYRENEES 2000
Avenue du Serrat de l'Ours
04 68 30 12 42

FONT-ROMEU
82 avenue Emmanuel Brousse
04 68 30 68 30

FORMIGUERES
1 place de l'Église
04 68 04 47 35

LA LLAGONNE
Maison du Capcir Haut-Conflent
Col de la Quillane
04 68 04 49 86

LES ANGLES
2 avenue de l'Aude
04 68 04 32 76

MATEMALE
9 place de la Mairie
04 68 30 59 57

MONT-LOUIS
6 boulevard Vauban
04 68 04 21 97

OSSÉJA
Place St Paul
04 68 04 53 86

SAILLAGOUSE
1 place del Roser
04 68 04 15 47

La ferme du Rialet

à partir de 6 mois

La Llagonne

Vos enfants savent que les yaourts et les fromages ne sont pas fabriqués par des machines à partir de matériaux divers, mais il leur sera intéressant de voir en direct comment les animaux de la ferme sont ici chouchoutés. Située à mi-chemin entre Font-Romeu et Les Angles, la ferme pédagogique du Rialet produit du lait et transforme sa production en fromage, yaourt, faisselle, brousse et autres délicieux produits lactés. Les propriétaires ont eu la bonne idée d'aménager leur ferme pour l'accueil du public, on peut même voir derrière une vitre l'intérieur des laboratoires et comprendre enfin la fabrication du fromage. Évidemment, la boutique est aussi là pour vous permettre de déguster les produits de la ferme. Bien vu si vous êtes partis pour faire aussi un pique-nique avec toute la famille et que vous avez oublié un encas. Original, on a aussi installé sur le site un mannequin de traite géant. Vous pourrez donc avec les enfants visiter et découvrir les animaux familiers, et notamment les races pyrénéennes menacées. Vous allez ainsi rencontrer au cours de votre visite 150 espèces différentes, chèvres et ânes pyrénéens, brebis rouges du Roussillon, cochons gascons, vaches lourdaises... Et si vous voulez assister à la traite des vaches, rendez-vous tous les soirs à 17h. En attendant, il sera aussi possible aux bambins de s'amuser dans le château gonflable ou de faire une balade en poney.

Toute l'année

1/2 journée

Visites de mi-juin à mi-sept. : 7j/7 de 15h à 19h • vac. scol. : 7j/7 de 16h à 19h • hors vac. scol. : WE et jrs fériés

Tarif unqiue : 4 €

2 carrer de la Quillane
04 81 89 90 19 • 06 19 62 93 28
ferme.rialet@gmail.com
www.la-ferme-du-rialet.com

Les animations permanentes :
16h30 : nourrissage des animaux
17h : traite des vaches,
17h30 : biberons des veaux,
Les animations de juillet et août :
18h : spectacle de danse, le sam., dim. et lun. à 18h30 : atelier fabrication du beurre (sur réservation), le mer. à 18h30 : démonstration de débardage (attelage de cheveaux de trait), le jeu. et ven. à 18h30 : démonstration de chiens de troupeau.

Glaces, crêpes, boissons, aire de pique-nique, jeux gonflables.

D'AUTRES FERMES DANS LES ENVIRONS

MATEMALE

Ferme Gaec Dourmidou
04 68 30 13 55
dourmidou66@hotmail.fr
Toute l'année : de 10h à 12h et de 17h à 19h • traite des chèvres tous les soirs à 18h de fév. à oct.

FORMIGUÈRES

Ferme Le Calmadou
04 68 30 97 02
Traite des brebis 7j/7 de 19h à 19h45 visite libre de l'élevage.

Ferme Perarnaud • 06 16 12 53 08
gaecperarnaud@wanadoo.fr
Traite des vaches tous les soirs à partir de 18h30.

PLANÈS

Ferme Cal Rous • 04 68 04 65 22
Traite des vaches le soir à partir de 18h.

Les bains de St-Thomas

à partir de 6 mois

Fontpédrouse

Vous, qui aimez vous prélasser dans les eaux chaudes et les spas, vous qui appréciez prendre une suée dans les hammams, vous allez adorer les bains de Saint-Thomas. Ils sont tout ce qu'il y a de plus naturels, nichés dans un cadre enchanteur en pleine montagne à 1150 m d'altitude. Autour de vous la forêt, les oiseaux qui piaillent, l'air vivifiant dans les cheveux. Et puis l'eau. Elle est chaude, naturellement chaude puisque venue du fin fond des entrailles de la Terre. Mais surtout elle a emporté avec elle tous les bienfaits thermaux des profondeurs. Pour bénéficier de ce trésor à Saint- Thomas, on a aménagé le site en forme d'un grand amphithéâtre, avec un ensemble très confortable fait de trois bassins extérieurs où, toute l'année, l'eau s'écoule entre 34 et 37 degrés. Sur le site sont également proposés des jacuzzis, des jets de massages et même deux rampes de douche en eau thermale naturelle. Les scientifiques et les premiers de la classe auront à cœur de savoir que cette eau, une des plus chaudes des Pyrénées, est riche en fluor, en silice et en oligo-éléments. Les non scientifiques se contenteront de savoir qu'elle est réputée antalgique, décontractante, antiallergique et cicatrisante. À l'intérieur de l'établissement vous trouverez aussi un espace bien-être avec un sauna, un spa, un hammam aux spots de lumières qui varient en offrant des ambiances colorées différentes, et un vaporarium à température plus douce. Vous pourrez même prendre un thé ou une tisane décontractante tout en bénéficiant d'une belle vue sur la vallée.

Toute l'année 7j/7 • (fermé le 1er mai, 15 jrs en juin et 15 jrs en nov.)

2h ou plus

Juillet, août, vac. de Noël et de février : de 10h à 19h40 et 20h40

Adulte : 7 € • de 4 à 11 ans : 5,50 €
- 4 ans : gratuit

04 68 97 03 13
bainsdesaintthomas@orange.fr
www.bains-saint-thomas.fr

Snack à l'entrée des bains.
Location de maillots.

Les bains de Dorres

à partir de 6 mois

Dorres

Connus depuis l'époque romaine, les bains chauds de Dorres sont un véritable spa à ciel ouvert avec de l'eau chaude, évidemment, mais aussi thermale, elle coule à 40 degrés tout naturellement. Si vous supportez mal l'odeur du soufre, il est possible que vous soyez un peu gêné, mais passé ce barrage olfactif, le plaisir de l'eau chaude curative et relaxante est à votre portée. Vous allez vous y prélasser dans des baignoires en granit, face à la montagne dans un cadre des plus somptueux. Ici, on a gardé l'essentiel, le superflu a été éliminé (pas de bains bouillonnants ni de piscines) et si l'ensemble peut paraitre quelque peu spartiate, on est dans le milieu naturel et l'on en profite. Nous vous conseillons de ne pas dépasser la demi-heure de baignade au risque de vous faire baisser la tension artérielle.

Toute l'année 7j/7

30 min à 1h

De 9h à 19h30

Adulte : 5 € • de 3 à 11 ans : 3,5 €
- 3 ans : gratuit

Carrer dels Banys
04 68 04 66 87
bainsromainsdorres@orange.fr
www.dorres66.com

Les bains de Llo

à partir de 6 mois

Llo

Les Pyrénées-Orientales offrent un grand nombre de sources thermales d'eaux chaudes naturelles, exploitées sous différentes formes. Ces eaux, riches en soufre et en minéraux, sont des plus bénéfiques tant au corps qu'au moral.

À Llo, dans les gorges du Sègre, on a aménagé des bains chauds en pleine nature, en partie à l'air libre. Deux zones distinctes sont à votre disposition. Jacuzzi de plein air, bassin spa tonique avec de nombreux jets puissants sont installés en extérieur, et à l'intérieur on trouve sauna, hammam, encore un jacuzzi et un bassin avec hydrojets et cascades. Comble du luxe, des chaises longues aquatiques vous attendent pour vous laisser flotter dans une sorte de grand lit de bulles. Et entre deux séries de bulles, symphonie de musiques sous-marines.

De janvier à novembre 7j/7

2h ou plus

De 10h à 19h30 et 20h l'été
et pendant les vac. scol.

Adulte : 13,50 € • de 3 à 11 ans : 10 €
-3 ans : gratuit
2 adultes + 2 enfants : 42 €

Route des gorges du Sègre
04 68 04 74 55 • bains-llo@hotmail.fr
www.bains-de-llo.com

Boissons, snack, coin pique-nique.

Il y a une boutique sur place dans laquelle vous trouverez maillots, tongs, serviettes, couches, casquettes, crème solaire, brassards...

Spécial bébés

L'espace aqualudique d'Err

à partir de 6 mois

Err

Le littoral n'a pas le monopole des activités aquatiques. À Err, en Cerdagne, un espace aqua ludique a été créé pour les estivants et les résidents qui aiment l'eau et pas seulement pour y faire des brasses. Sur ce site en extérieur, l'eau y est maintenue à 28 degrés et vous aurez à votre disposition des toboggans, des cascades, des bassins à vagues, des bains bouillonnants et autres plaisirs liés à l'eau. Même les plus petits pourront profiter des pataugeoires et des jeux pour enfants. Vous pourrez pique-niquer sur l'herbe à l'ombre des arbres, bref, vous l'aurez compris ici tous est réunis pour y passer la journée.

De mi-juin à début septembre 7j/7

De 2h à la journée

De 10h à 19h

Adulte : 9 € • de 3 à 11 ans : 7 €
-3 ans : gratuit

Base de loisirs
04 68 04 77 59 • 04 68 04 72 94
www.pyrenees-cerdagne.com
err.mairie@wanadoo.fr

Bar, restaurant, espace jeux, aire de pique-nique.

Le parc accrobranche Angles aventures

à partir de 2 ans

Les Angles

Site d'accrobranche forestier situé dans le parc de loisirs du lac de Matemale, où les plus petits (dès 2 ans accompagnés) peuvent s'aventurer. Comme dans tous les parcours de ce type vous aurez à franchir des passerelles, des ponts de singes, des tyroliennes, tout ce qui va vous procurer la sensation d'être un vrai aventurier au milieu des arbres et de la nature. On a compté 15 parcours différents, représentant quelques 120 « ateliers » ludiques ou techniques, de quoi crapahuter pendant 3 heures pour les plus vaillants.

Toute l'année

De 1h à 3h30

Juillet, août : en sem. de 9h30 à 19h30 • le WE de 10h à 19h
vac. scol. : de 14h à 18h30 (17h30 vac. de Noël) • hors vac. scol. : sur réservation

De 12 à 24 €

Espace de loisirs du lac de Matemale • 06 81 41 16 30
contact@angles-aventures.fr
www.angles-aventures.fr

Buvette.

Balade en traîneau à chiens

à partir de 2 ans

Font-Romeu, Eyne, Lac de Matemale

Votre séjour dans le département pourrait être l'occasion de faire une expérience unique et originale, celle d'une balade en montagne en traîneau à chiens. Un peu comme dans les romans de Jack London, les chiens vont vous transporter à travers les forêts de Cerdagne et du Capcir. Il vous sera même possible de conduire personnellement l'attelage dans certains cas, histoire de se prendre pour un pionnier ou d'un trappeur parcourant l'Alaska à la recherche des grands ours. Ce sera en tout cas l'occasion de découvrir les paysages de la montagne catalane sous un autre angle avec la complicité de ces chiens qui se font une joie de courir ensemble dans les forêts. Plusieurs formules sont proposées par les prestataires, de la simple promenade tout emmitouflé sur le traîneau pour une heure ou deux, à petite vitesse jusqu'au raid de plusieurs jours avec nuitée dans un refuge et perfectionner ainsi votre art du pilotage de votre traîneau à la manière des mushers. Il est aussi possible de pratiquer cette discipline et ces promenades tractées en dehors de la saison hivernale avec des traîneaux spéciaux qui roulent sur les pistes au lieu de glisser.

FONT-ROMEU

Alaskan Team
station « les Airelles »,
4 rue du pic de Llory
06 43 59 03 90
info@traineau-a-chiens.com
www.traineau-a-chiens.com

Été :
- baptême en cani kart dès 2 ans
- conduite d'attelage :
-10 ans : 10 €/30min • 20 € /1h
+10 ans : 20 €/30min • 30 €/1h
- cani-rando (rando avec un chien de traîneau en ceinture, attention le rythme de marche est plus rapide qu'une rando classique) : 8 à 10 ans : 15 €/demi-journée +11 ans : 25 €/demi-journée
- cani-bike (attelage sur trottinette) (dès 13 ans) : 40 €/pers. durée : 1h30

Hiver :
- 80 € le traîneau pour 2 adultes ou 1 adulte et 2 enfants de moins de 10 ans.
- Les p'tits mushers : séance spécial enfants de 5 à 12 ans : apprendre à s'occuper de son chien et à conduire son traîneau sur une piste sécurisée. Séance de 2h : 45 €/enfant.
- Initiation à la conduite d'attelage : à partir de 10 ans. 1/2 journée : 110 €/pers

EYNE

Les traîneaux du Cambre
Camp Nordique Sibéria, D33
06 75 36 61 94 • 06 99 45 09 71
cyrille.lambert0114@orange.fr

Été :
- cani' rando (2h) :
adulte : 25 € • de 8 à 12 ans : 15 €
- cani' VTT : +12 ans : 40 €/2h
- baptême en traîneau à roues :
adulte : 30 € • -10 ans : 20 €
- visite du chenil (1h env.) : 5 €/pers
- soirée grillade trappeur :
adulte : 15 € • -10 ans : 10 €

Possibilité de louer une petite carriole tractée par un chien spécialisé pour les tout-petits. Option possible pour le cani'cross et les baptêmes en traîneau.

En hiver :
- baptême découverte (10 à 15 min)
adulte : 15 € • -10 ans : 10 €
- baptême classique (25 à 30 min)
adulte : 30 € • jusqu'à 10 ans : 20 €

LAC DE MATEMALE (Toute l'année)
& COL DE LA QUILLANE (hiver)

Alaska Forever
Au départ des pistes de ski de font au col de la Quillane • 06 79 66 05 66
alaskanforever@laposte.net
www.alaskanforever-lesangles.com

Été :
- baptême sur un parcours de 4 km :
adulte : 25 € • -8 ans : 15 €
- circuit de quads électriques pour les 3-6 ans : 3 €/6 min

Hiver :
- baptême sur un parcours de 4km, (à partir de 1 an) : forfait 2 adultes + 2 enfants de -8 ans : 100 €
- baptême sur un parcours de 8 à 10km, accessible dès 1 an : forfait 2 adultes + 2 enfants de -8 ans : 220 €

Nous vous conseillons le spot du col de la Quillane, le parcours est adapté aux enfants qui souhaitent piloter le traîneau.

Jungle park

à partir de 2 ans

Font-Romeu

Parc de loisirs en altitude, à deux pas du centre-ville de Font-Romeu avec toutes les attractions que l'on attend de ce type de parc. Venez découvrir un espace de jeu composé d'une structure Accrobranche indoor avec trampoline géant et tyrolienne ainsi qu'un espace ludique avec toboggan et piscine à balle permettant aux plus petits (à partir de 2 ans et jusqu'à 12 ans) qui permettent aux plus petits (à partir de 2 ans) de sauter, cabrioler, tomber, rebondir et s'éclater en toute sécurité. Et pendant ce temps-là, les parents peuvent s'installer dans l'espace qui leur est réservé et regarder, tout en soufflant un peu, la marmaille s'amuser.

Toute l'année

1h

Juillet, août : 7j/7 de 9h à 20h30 • le reste de l'année du lun. au ven. de 9h à 21h • sam. de 10h à 19h • dim. de 14h à 19h

6 €/h

Av. Jean-Paul • 04 68 30 38 09
contact@alti-fit.fr • www.alti-fit.fr

Piscine à balles, mini-golf, badminton enfant.

Le poney-luge

à partir de 2 ans

La Quillane

Faire de la luge non pas sur une piste en descente, mais à plat, tranquillement et sans effort. Voilà ce que permettent les balades en « poney-luge ». Il suffit d'un peu de neige, d'une piste damée et d'un poney pour pratiquer cette activité toute naturelle. Une glisse originale pour découvrir les grands espaces du plateau du col de la Quillane entre vastes étendues et forêts. Une balade sans effort qui devrait laisser pas mal de souvenirs aux enfants à partir de 2 ans.

Plusieurs types de luges sont disponibles (luge bébé ou luge traditionnelle) pour que chacun trouve son bonheur et son confort. Les enfants vont vite se prendre pour des trappeurs au fin fond de l'Alaska, et surtout se faire ami-ami avec les gentils poneys tellement sympas, presque des peluches vivantes, mais surtout rustiques et habituées à la neige. Pas de crainte, leurs pieds sont habitués au froid, et leurs sabots n'ont pas besoin d'équipement particulier pour évoluer dans la neige. Les parents ne seront pas oubliés, puisqu'ils seront en charge de tenir l'animal à la longe et le guider lors de la balade sur la piste. Il n'est pas impossible aussi que vous croisiez ici des écureuils, ou d'autres animaux sauvages. Vous n'êtes pas motorisés, vous ne faites ni fumée ni bruit, vous êtes comme eux, intégrés à la nature.

De décembre à mars

De 15 à 30 min

Poney-luge : 8 €/15 min • 14 €/30 min
Balades à poney simple : 5 €/15 min
10 €/30 min • mix : 15 min de poney luge + 15 min de balade à poney : 11 €

Mountain Pony, col de la Quillane, D118, au rond-point
06 15 45 09 60 • www.mountainpony.fr
marion@mountainpony.fr

Le Train jaune

à partir de 2 ans*

Villefranche-de-C, Mt-Louis/La Cabanasse, Font-Romeu/Odeillo, Bourg-Madame, Latour-de-carol/Enveitg

Avant de devenir un train essentiellement touristique, le Train jaune est une ligne qui relie la plaine aux hauts cantons. C'est au début du XIXe que l'on a pris la décision de bâtir ce cordon ombilical afin de désenclaver la Cerdagne et le Capcir pour faire circuler, dans l'ensemble du département, hiver comme été, voyageurs et marchandises. Aujourd'hui, il est surtout apprécié par les visiteurs qui peuvent prendre de l'altitude tout en admirant les paysages aux détours des lacets empruntés par le train accroché à flanc de montagne. Le train chemine à la vitesse folle de 55km/h, on a le temps de faire les photos. On en oublierait presque les travaux gigantesques qu'il a fallu accomplir pour que le Train jaune puisse vous transporter sur 63 kilomètres en passant par vingt-deux gares. Vous allez traverser aussi 19 tunnels et enjamber les vallées grâce à deux ponts des plus remarquables, le pont Sejourné (viaduc ferroviaire) et le pont Gisclard (pont suspendu) qui domine la vallée à 65 mètres du sol. Le train jaune reste à ce jour le plus haut chemin de fer à voie métrique de France. Il passe de 427 mètres d'altitude, sa gare de départ (Villefranche-de-Conflent), à 1231 mètres à Bolquère.

La gare de Latour-de-Carol-Enveitg est intéressante pour les amateurs, elle est internationale, car elle dessert l'Espagne au Sud et possède trois types de lignes ferrées. L'espagnole, la française et la métrique, celle de notre train jaune.

Toute l'année 7j/7

1h20 de trajet entre Villefranche-de-C. et Latour de Carol

Juillet et août :
Villefranche > Font-Romeu :
1er départ : 9h • dernier départ : 17h49
Latour de Carol > Villefranche. :
1er départ : 8h28 • dernier départ : 15h13
Font-Romeu > Villefranche :
1er départ : 10h • dernier départ : 17h50

Aller/retour : adulte : 23 € env.
de 4 à 12 ans : 12 € env.

0800 88 60 91
gare de Villefranche : 04 68 96 63 62
www.ter.sncf.com/languedoc-roussillon

En période estivale nous vous recommandons de vous présenter en gare 30 min avant le départ du train afin de prendre votre ticket (pas de réservation possible).

* ne pas monter en altitude trop rapidement avec un bébé de moins de 2 ans

Le parc aquatique Water jump parc Drop-in

à partir de 3 ans

Err

Le parc Drop-in est une base de loisirs alliant spectacle et sport extrême. Pour ce faire, vous disposez de toboggans géants, très géants puisqu'ils montent à plus de 10 m de hauteur pour finir dans l'eau. Sensations garanties et adrénaline à forte dose. Pour les dévaler, vous aurez à votre disposition plusieurs « supports » de glisse comme des bouées pour les enfants, les adultes, seul ou en binôme, des skates, des rollers... On a le choix ! Tout comme les pistes, et les tremplins, tous avec des noms venus d'outre-Atlantique. Il vous faudra donc réviser votre anglais pour prononcer correctement : Drop-in Tracks, Donuts, Crazy Slide, Crazy Jump... Pas moins de 14 pistes vous accueillent ainsi que des trampolines, et une chill zone avec slack line, waterline (quand on vous dit qu'il faut parler anglais). Bref, de quoi faire le spectacle devant vos amis. Les ados sont les plus friands de ces évolutions aquatiques aux allures hawaïennes.

De mai à septembre

De 20 min à une journée

Mai : mer, WE, jrs fériés : de 12h à 18h
Juin : 7j/7 de 12h à 18h • juillet, août : 7j/7 de 10h à 20h (21h en août)
Sept. : mer, WE : de 12h à 18h

Activités aquatiques : 16 €/2h (-8 ans : 14 €) • 25 €/la journée (-8 ans : 22 €)
trampoline : 6 €/20 min

Base de loisirs, 10 Camí Vora Riu
06 84 37 94 40
cerdanya@dropinwaterjump.fr
www.dropinwaterjump.fr

Bar, snack, aire de pique-nique.

Voir aussi le Water jump parc Drop-in d'Argelès-sur-Mer p.44.

La grotte de Fontrabiouse

à partir de 3 ans

Fontrabiouse

C'est la grotte aménagée la plus haute d'Europe. Ouvertes au public depuis 1983, la, ou plutôt « les » grottes de Fontrabiouse sont situées à 1500 mètres d'altitude en Capcir. On parle d'aménagement, car ici tout a été pensé pour le confort des visiteurs en préservant, c'est bien la moindre des choses, l'intégrité et la beauté des lieux. Ceux-ci ont été découverts accidentellement à la fin des années cinquante au cours de l'exploitation d'une carrière de marbre bleu destiné à la construction du barrage de Matemale non loin de là. La grotte fut tout d'abord réservée aux scientifiques et aux spécialistes du monde souterrain, puis enfin ouverte au public après des aménagements spécifiques. Au cours de leur visite, les amateurs pourront découvrir le long des galeries disposées sur deux niveaux : un lac, des colonnes, des draperies, bien entendu les célèbres stalagmites et stalactites, ainsi que des concrétions de toutes tailles, fruits du temps de l'eau et du calcaire. La visite qui se déroule avec une température constante, mais fraiche (prévoir donc un pull même en plein été), prendra environ une heure. Mais vous ne verrez pas passer le temps, dans les profondeurs de la terre en dehors de votre environnement quotidien, le temps prend une tout autre dimension.

De décembre aux vac. de la Toussaint (fermé les 24, 25, 31 déc. et le 1er janv.)

1h

Juillet, août : de 10h15 à 18h,
Mai, juin, sept. : de 10h30 à 17h30
Oct., nov. : de 14h30 à 16h30
Déc. à avril : de 10h30 à 16h30
Visites supplémentaires durant les vac. scol. à 10h30 et 11h30

Adulte : 10,90 € • -18 ans : 9,20 €
-13 ans : 6,90 € • -5 ans : gratuit

Parc naturel régional des Pyrénées catalanes, La Creu
04 68 30 95 55 • 04 68 26 22 21
fontrabiouse66@gmail.com
www.grotte-de-fontrabiouse.com

Point d'eau, bar, boutique.

Les chiens peuvent rester à l'extérieur en laisse. Si vous le souhaitez, l'équipe pourra s'en occuper.

TROUVEZ LES 7 DIFFÉRENCES

Solutions p.190

Le Snake gliss

à partir de 3 ans

Porté-Puymorens, Les Angles, Font-Romeu, Bolquère-Pyrénées 2000, La Quillane

Il n'y a pas que le ski, la luge classique, ou le surf qui permettent de dévaler les pistes. Il y a aussi une technique qui offre surtout l'occasion de partager les sensations de vitesse avec les enfants ou les copains. C'est assez rare pour que l'on puisse le signaler. Une technique que les professionnels de la montagne ont nommé le « Snake gliss », le serpent qui glisse. Ce sont des « trains » de luges attachées les unes aux autres, formant une sorte de grosse chenille articulée et prête à dévorer les pistes enneigées. Il y a bien sûr un chef de convoi, un pilote dans la chenille, un moniteur diplômé d'État qui va prendre les commandes du serpent pour garantir la sécurité durant les 3 à 5 km de descente. Vous allez ensuite filer à une vitesse stratosphérique (en réalité 35 km heure maximum, mais l'impression est toute différente quand on est assis au ras du sol, c'est ce que l'on nomme aussi l'effet karting). Et si vous êtes dans la luge à l'arrière de la chenille, la sensation de vitesse sera encore plus impressionnante. Alors on embarque toute la famille et on se laisse prendre par le serpent qui glisse.

De décembre à mars

30 min

À partir de : 14,50 €

LES ANGLES • FONT-ROMEU • BOLQUÈRE - PYRÉNÉES 2000 • PORTÉ-PUYMORENS
Maison de la montagne aux Angles
Carrer del Fuster
06 87 08 06 75 • julienboher@gmail.com
www.julien-boher.fr
Réservation sur : **www.snake-gliss.com**
gratuit de 3 à 5 ans

LA QUILLANE
Aventure pyrénéenne
41 bis av. Emmanuel Brousse • 04 68 30 58 54
www.aventure-pyreneenne.com
aventure-pyreneenne@orange.fr

Le parc Tyrovol

à partir de 3 ans

Porté-Puymorens

Un concept particulier de sport extrême, fait uniquement de tyroliennes. Non loin de la station de Porté-Puymorens, en plein parc naturel régional des Pyrénées Catalanes, Tyrovol propose 12 tyroliennes, oscillant entre 5 et 50 m de hauteur, sur 80 à 150 m de longueur. En tout, près de 2 km de parcours au-dessus du lac du Passet et de son barrage. Il est possible sous certaines conditions de « descendre » ces tyroliennes en tandem, idéal pour souder les relations familiales et/ou amoureuses. Pour corser le tout, et faire le plein de sensation de haut vol, le site permet aussi, mais ce n'est pas obligatoire, de faire le super grand saut, avec au menu une vingtaine de mètres de vertige. À réserver aux cœurs les mieux accrochés. Pour faire l'ensemble du parcours, comptez une heure trente d'évolution aérienne. Un briefing au départ vous donnera toutes les clés de l'activité afin de ne pas vous retrouver bloqué entre deux suspensions. La pratique de ces tyroliennes « automatiques » ne nécessite cependant aucune prédisposition ni de conditions physiques particulières.

De mai à septembre

1h30

Juillet, août et vac. scol. : 7j/7 de 10h à 19h • mai, juin, sept. : WE (réservation possible tout au long de l'année)

Parcours découverte : gratuit
Sensation : 8 € • frisson : 15 €
Émotion : 22 € • extrême : 27 €

Lac du Passet
04 68 04 74 53 • 06 22 95 70 09
06 01 80 70 60 • contact@tyrovol.com
www.tyrovol.com

Le lac de Matemale à la voile

à partir de 3 ans

Matemale

Le Capcir est un territoire idéal pour la pratique de nombreuses activités et sports de tout type pour peu que ces activités soient proches de la nature. Elle est ici généreuse et sauvage, préservée et diverse, elle accueille les tenants de la randonnée, de la balade pédestre ou équestre, ou encore les fans de VTT. Sur le plateau du Capcir, le lac de Matemale est un site qui est tourné aussi vers les sports aquatiques. Plusieurs bases nautiques proposent des activités pour tous les âges, pour tous les niveaux.

Sur la base de l'Ourson, vous trouverez des pédalos, des canoës, vous pourrez faire du paddle, du kayak ou de la planche à voile. Chaque semaine des stages d'initiation ou de perfectionnement sont organisés, notamment sur Optimist, planche à voile ou sur catamaran (de 12 à 15 pieds).

Le centre les P'tits Bateaux dispose aussi d'embarcations électriques sur batterie qui peuvent être pilotées en toute tranquillité par les enfants dès 3 ans, le tout dans un milieu sécurisé. Ces bateaux ont la forme de cygne, de dalmatien ou encore d'otarie.

Le centre Aqualac possède lui une piscine extérieure chauffée et propose une activité originale, le Water ball, qui permet, oh miracle, de marcher sur l'eau.

Le site naturel du lac de Matemale accueille encore bien d'autres activités sportives et ludiques les plus diverses. Notons par exemple la pratique de la pêche, du fitness, du VTT, de la promenade à cheval, du tir à l'arc, du minigolf, des chiens de traîneaux, du trampoline acrobatique. Parcours aventure, ou encore un circuit de quad et 4x4 électriques pour enfants qui viennent compléter l'éventail de ce qu'il est possible de faire en Capcir.

De juin à septembre

3 séances de 2h

Les stages :
optimist 100 € • catamaran 130 €
planche à voile 110 €
Location :
pédalos, canoës, paddles, kayaks, planches à voile, dériveurs, catamarans

Club nautique de l'ourson, base de loisirs 8, route du Lac de Matemale
04 68 04 30 77 • 06 08 88 44 03
clubnautiqueourson@wanadoo.fr

Les petits bateaux
06 15 92 31 25
jessica.rivill@laposte.com

Aqualac
06 95 01 28 71
oliver.anaide@yahoo.fr

Ski alpin et ski de fond

à partir de 3 ans

Un peu partout en Cerdagne et dans le Capcir vous pourrez pratiquer le ski de votre choix. La nature est bien faite.

Vous optez pour les descentes vertigineuses, les slaloms et le plaisir de la vitesse alimentée par des tombereaux d'adrénaline ? OK. Pour vous, neuf stations vous ouvrent leurs bras. En tout, des kilomètres de pistes pour les débutants, les confirmés et les experts. Avec ou sans étoiles, avec ou sans flocons. Les enfants ne seront pas oubliés, il y a aussi des mini pistes rien que pour eux, et s'ils préfèrent la luge, il y en a aussi.

Et puis finalement, vous choisissez de vous essayer au ski de fond… Les parcours aménagés ne manquent pas, ils se déclinent en général à travers les forêts de pins, dans une nature préservée sans bousculades, sans attentes interminables au pied des téléskis. Le Capcir se veut comme le plus grand espace nordique du grand sud. Et quand vous aurez épuisé tous les plaisirs du ski, quelle que soit sa forme, vous avez encore la possibilité de vous balader en raquettes (voir p.140), pratiquer le patinage (voir p.134) ou encore à la conduire un traîneau à chiens (voir p.116).

De décembre à mars

D'une demi-journée à la semaine

SKI ALPIN

Forfait journée :
Enfant : à partir de 32 €
Adulte : à partir de 39 €

Cours collectif :
enfant : à partir de 30 €/2h • 135 €/sem.

Cours particulier :
Enfant : à partir de 35 €/h
Adulte : à partir de 35 €/h

SKI DE FOND

Forfait journée :
Enfant : à partir de 6 €
Adulte : à partir de 12 €

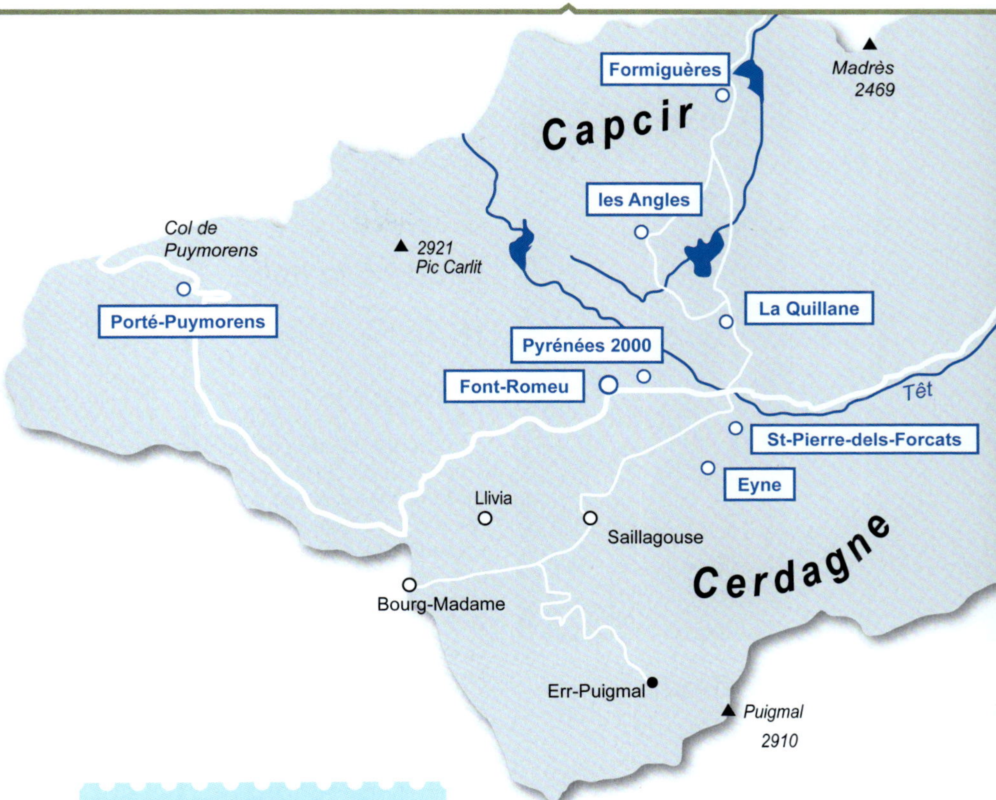

LES STATIONS

Font-Romeu / Pyrénées 2000 :
ski alpin • ski de fond
sentiers raquettes • pistes de luge
stade biathlon • écoles de ski

Les Angles :
ski alpin • ski de fond • espace luge
sentiers raquettes • écoles de ski

Formiguères :
ski alpin • sentiers raquettes
pistes de luge • école de ski

Porté-Puymorens :
ski alpin • ski de fond
sentiers raquettes

La Quillane :
ski alpin • ski de fond • école de ski

Eyne / St-Pierre-dels-Forcats :
ski alpin • ski de fond • pistes de luge
sentiers raquettes • écoles de ski

LES ÉCOLES DE SKI

Font-Romeu : 04 68 30 03 74
Pyrénées 2000 : 04 68 30 14 03
Les Angles : 04 68 04 47 82
Formiguères : 04 68 30 96 94
Porté-Puymorens : 04 68 04 87 08
St-Pierre-dels-Forcats : 04 68 04 26 57
Eyne : 04 68 04 75 13

Le jeu Tousazimut

à partir de 3 ans

La Llagonne (col de la Llose)

Un jeu qui ne ressemble à aucun autre, et qui a l'avantage de faire évoluer en même temps et sur le même terrain les plus jeunes (dès 3 ans) comme les plus âgés. Idéal pour se confronter avec ses enfants. Vous serez « pucé » avec un système qui va estimer votre évolution sur le site et votre temps de parcours. On vous donne à faire un parcours (il y en a plus de 100) à l'intérieur ou à l'extérieur si la météo le permet.

Toute l'année sur réservation

1h

Adulte et enfant : 10 €

06 74 82 43 49
fred.maugery@orange.fr
www.onaturel66.com

Pêche à la truite

à partir de 3 ans

La Quillane

On peut initier les plus petits à la pêche en les entrainant au bord de la mer et en lançant les lignes pour espérer sortir mulets, sars, dorades ou selon l'environnement des poissons de roche... Mais il y a fort à parier que l'attente si chère aux pêcheurs vienne à les lasser. Alors on peut aussi planter ses cannes dans des lacs d'eau douce plus poissonneuse avec plus de chance de sortir une truite ou un saumon de rivière. On pourra même le plus souvent installer ses chaises de camping et sa glacière à l'ombre des arbres, en se laissant bercer par le clapotis de l'eau et les cris de joie des enfants ayant leurs premières touches. Certains de ces lacs privés ne nécessitent pas de permis et garantissent pratiquement à coup sûr la bonne pêche même pour un débutant sans expérience. Après, à vous de préparer et partager avec toute la famille ces salmonidés fraîchement pêchés.

De mai à octobre 7j/7

De 30 min à la journée

De 9h30 à 19h

À partir de 2,50 €/truite

Lac de la Quillane
04 68 04 22 38
Paiement à la truite pêchée.
Location de matériel.
Permis de pêche non obligatoire.

La place forte de Mont-Louis et son four solaire

à partir de 4 ans

Mont-Louis

Porte d'entrée de la Cerdagne, la place forte de Mont-Louis a été construite par Vauban pour protéger la frontière avec l'Espagne. Aujourd'hui, on peut visiter la cité inscrite au patrimoine mondial de l'UNESCO. Des visites guidées permettent de découvrir la citadelle et son puit des forçats. Sinon, la vieille ville et notamment son église du XVIIIe siècle peuvent être également visitées librement. Si vous sortez un peu des fortifications, vous aurez une vue intéressante sur le site imprégné d'architecture militaire et le grandiose paysage de montagne dans lequel il est installé.

Autre curiosité technique à ne pas rater : le four solaire. Le prototype, un grand miroir parabolique concentrant les rayons sur un point unique date de 1949, c'est alors le tout premier du genre dans le monde, il permettait d'atteindre tout naturellement une température de 3000 degrés. Le four solaire actuel implanté au sein même de la cité date lui des années soixante-dix, il sert à des expériences techniques et pédagogiques. Des visites guidées vous permettront de bien comprendre toutes les applications qui sont liées à l'exploitation de l'énergie solaire. Si l'énergie solaire a trouvé dans le secteur de quoi se développer largement, on pense au four solaire d'Odeillo, ou à la centrale thermique de Themis, c'est que dans cette région, loin de toute pollution, le soleil brille plus de 3000 heures par an.

FOUR SOLAIRE

De mi-décembre à mi-novembre

45 min

Juillet, août : de 9h30 à 12h30 et de 14h à 19h • hors saison : de 9h30 à 12h30 et de 14h à 18h (17h en hiver)

Adulte : 7 € • de 7 à 17 ans : 5 €
-7 ans : gratuit

04 68 04 14 89 • www.four-solaire.fr
accueil@four-solaire.fr

PLACE FORTE

Toute l'année

1h

D'avril à sept. : de 9h30 à 12h30 et de 14h à 18h
Hors saison : fermeture à 17h

Adulte : 5,50 € • 11 à 18 ans : 2,5 €
7 à 10 ans : 2 € • -7 ans : gratuit

6 bd Vauban • 04 68 04 21 97
www.mont-louis.net

Le parc aventure Chacun sa trace

à partir de 4 ans

Font-Romeu

Parc acrobatique de montagne en pleine forêt avec des parcours ludiques dans les arbres. Ces activités sont balisées avec des couleurs différentes, un peu comme les pistes de ski, ce qui permet de diriger les enfants suivant leur âge sans risque de les voir bloqués au milieu d'un passage trop engagé pour eux. L'évolution alterne les sauts en chute libre, les tyroliennes et aussi un parcours d'obstacles à réaliser en équipe. Depuis le sommet des arbres, c'est l'occasion d'admirer, entre deux passages acrobatiques, le panorama magnifique du site.

Mai, juin, septembre et vac. scol.

3h

Mai, juin, sept. : WE de 14h à 19h
Juillet, août : 7j/7 de 9h à 19h
Vac. de Pâques et Toussaint : 7j/7 de 14h à 19h

De 8 à 22 €

L'ermitage de Fond-Romeu
06 80 26 67 57 • 06 01 05 96 77
jeanyves.iglesis@orange.fr
www.chacunsatrace.fr

Le parc animalier des Angles

à partir de 4 ans

Les Angles

Dans les Pyrénées, la faune a toujours été très développée et très variée. Même si au fil du temps certaines espèces se sont raréfiées ou ont disparu, il reste toujours dans la montagne cerfs, sangliers, mouflons, bouquetins, isards, chevreuils, marmottes... Mais comme il est difficile (ou dangereux parfois) de les croiser au cours de ses promenades, on a aménagé aux Angles un grand parc animalier en respectant totalement le milieu naturel du site. Situé à 1800 m d'altitude au Pla Del Mir, ce parc montagnard et forestier s'étend sur 37 hectares dans le massif du Carlit. Deux circuits (3,5 km pour l'un 1,5 km pour l'autre) permettent de découvrir tous les animaux de la faune pyrénéenne, ceux que l'on vient de citer, et même ceux qui y ont vécu un jour, mais qui ont disparu et également ceux qui risquent de disparaître aussi si l'on n'y prend pas garde. Vous pourrez donc y voir des ours et des loups vivant en semi-liberté dans cet espace naturel. Il suffit d'être patient et passionné pour les observer.

De décembre à octobre 7j/7

2h

Juillet, août : de 9h à 18h
De sept. à juin : de 9h à 17h

Adulte : 10 € • de 4 à 14 ans : 8 €
-4 ans : gratuit

Pla del Mir BP 10 • 04 68 04 17 20
contact@faune-pyreneenne.fr
www.faune-pyreneenne.fr

Le parc aventure Roc line

à partir de 4 ans

Angoustrine

Ici l'aventure démarre dès l'arrivée. Il vous faudra tout d'abord laisser votre véhicule sur le parking et marcher cinq minutes pour atteindre le site au milieu de la nature. N'oubliez pas votre pique-nique ni vos bouteilles d'eau, Roc line ne fait pas dans le fastfood ni la cafeteria. Il fait par contre, et plutôt bien, dans la pratique de la via ferrata, de l'accrobranche, des tyroliennes. Vous allez être gâtés, des tyroliennes il y en a 5 entre 120 et 200 m de longueur. Un premier parcours est accessible aux tout-petits, les adultes peuvent rester à leurs côtés pour les rassurer et les aider. Le parcours vert peut être pratiqué dès 5 ans. À l'issue de ce dernier, il vous faudra choisir. Soit prendre une tyrolienne qui vous redescendra au départ, soit, pour les plus téméraires, poursuivre et se mesurer aux nouvelles aventures qui vous font face.

Circuit bleu (dès 7 ans), rouge ou noir. On s'en doute, les difficultés sont alors de plus en plus importantes. Le parcours noir par exemple, qui évolue presque exclusement sur du rocher, sera réservé aux enfants sportifs accompagnés de leurs parents non sujets au vertige... Dans tous les cas, comptez à partir de là, plus d'une heure d'ascension pour atteindre le point culminant du parc. Le retour à la case départ se fera à chaque fois par tyroliennes successives. Et si vous n'êtes pas rassasié, allez voir la slack-line, une sangle tendue entre deux points hauts (30 mètres de long, à 6 mètres de hauteur) sur laquelle il va vous falloir marcher en équilibre. N'ayez crainte, un système d'assurage ne vous laissera pas tomber.

De juin à septembre

3h

Juillet, août : 7j/7 de 10h à 18h
Juin, sept. : sur réservation

Parcours jaune (4 à 7 ans) : 5 €
Parcours vert (8 à 12 ans) : 10 €
Parcours bleu, rouge et noir : 22 €

Cami de Bouillouses
06 38 48 64 64 • 06 83 87 85 84
contact@roc-line.fr • www.roc-line.fr

Coin pique-nique ombragé.
Prévoir de quoi vous désaltérer.

Balade autour du lac des Bouillouses

à partir de 4 ans

GRATUIT

Cerdagne, Capcir

Les lacs des Bouillouses (12 étangs en tout), site naturel classé depuis une quarantaine d'années, permettent de réaliser un grand nombre de balades et randonnées plus ou moins difficiles, avec des dénivelés plus ou moins importants, accessibles à toutes les personnes un tant soit peu aptes à arpenter les sentiers nature. En été, on accède au premier lac, celui du barrage, avec une navette. Depuis le barrage, s'offrent à vous plusieurs circuits balisés qui peuvent vous mener au point culminant le Carlit, un sommet qui pointe à 2921 mètres, le plus haut du département. Pour l'atteindre, comptez au moins 3h30. Mais il n'est pas indispensable de gravir le Carlit pour apprécier la nature luxuriante et verdoyante du massif. Les balades possibles dans le massif sont variées (boucle des étangs du Carlit, de la Pradella, du lac d'Aude, étangs des Esquits...). Cela va d'un peu plus d'une heure de marche à au moins cinq heures pour les plus courageux, les plus endurants. Même en plein été vous pourrez croiser des plaques de neige, mais vous traverserez surtout des prairies, des forêts de pins, vous contournerez des points d'eau, passerez non loin des vaches et des chevaux qui estivent ici en liberté. Bref, vous serez plongés dans la beauté de la nature vierge. Comme toujours en montagne, même en été, même pour une simple promenade, des notions essentielles sont à respecter. Arrivez sur site assez tôt pour bénéficier d'une journée bien remplie, soyez correctement chaussé, prévoyez des équipements de protection basiques (lunettes de soleil, casquette, crème solaire...), de quoi vous désaltérer et prendre des forces. Et si la météo annonce des orages, préférez reporter votre sortie montagnarde.

Il est aussi possible d'accéder au lac des Pradeilles, situé à trente minutes des Bouillouses, avec les télésièges partant de Font-Romeu. C'est une autre manière d'arriver au plateau.

Toute l'année

Une journée

■ Y aller par la route :
Depuis Mont-Louis, prendre la D618 direction le lac des Bouillouses puis prendre à gauche sur la RD60. En période estivale, la circulation y est interdite. Des minibus effectuent des allers-retours depuis le Pla des Avellans de 7h et 19h. Départ toutes les 15 min.

Tarif navette : adulte : 5 € • de 5 à 16 ans : 2 € -5 ans : gratuit

■ Y aller par le télésiège :
Depuis La Calme, au pied des pistes de Font-Romeu.
Télésiège « Calme Sud » de 8h45 à 12h30 et de 13h15 à 17h45.
Télésiège « Calme Nord » de 9h à 12h30 et de 13h15 à 17h30.

Rotation en continu de navettes entre le centre-ville de Font-Romeu et le « parking de la Calme » de 8h30 à 12h30 et de 13h15 à 17h45.

Prêt de porte-bébé

Des cages sont à votre disposition à la billetterie de la Calme pour le transport de votre animal de compagnie.

Adulte : 9,30 € • de 6 à 15 ans : 6,20 € -6 ans : gratuit

■ Y aller à pied :
Différents sentiers balisés vous permettent d'accéder au barrage.

Temps de marche depuis :

- le Pla de Barrès : 4h
- la station de Formiguères : 6h30
- le lac du Passet : 8h
- Angoustrine : 2h30
- le parking de la Calme : 1h30 à 2h
- le col del Pam : 2h

■ Sur le site du barrage :
Divers refuges proposent de vous désaltérer, de vous restaurer et de vous héberger.

- Auberge du Carlit : 04 68 04 22 23
- Hôtel des Bones Hores : 04 68 04 24 22
- Refuge du CAF : 04 68 04 93 88

Un point info propose des topos de randonnée et un point d'eau.
Ouvert 7j/7 de mai à oct. de 8h30 à 18h (9h à 17h en mai et sept.).
Mise à disposition gratuite de muselières.

Aires de pique-nique, places à feux bétonnées tout le long de la RD60.

■ Animations estivales :
Découvrez la montagne catalane avec les accompagnateurs en montagne sur une sortie d'une demi-journée. Activité gratuite et ouverte à tous.

Initiation gratuite à la pêche avec la Fédération des Pyrénées-Orientales pour la pêche et la protection du milieu aquatique.
Renseignements et réservations : 04 68 04 24 61

■ Circuits de randonnées au départ du barrage :

- Boucle des étangs du Carlit (2h20 ou 3h30 par variante 12 lacs)
- Boucle de la Pradella (1h30)
- Les étangs des Esquits (2h)
- Boucle du lac d'Aude (3h40)

Un parcours d'orientation spécial enfant composé de 14 balises et d'une carte permettra aux familles de partir à la découverte du site. Renseignements et topo gratuit au point info.

Liste des guides accompagnateurs en montagne p.178

LE SAVIEZ-VOUS ?

Si aujourd'hui les barrages sont un plus pour le tourisme, au départ ils avaient pour fonction de produire de l'électricité pour le Train jaune qui circule dans la montagne. De nombreuses centrales hydroélectriques sont également aménagées sur la Têt là encore pour fournir l'électricité nécessaire au train.

L'Aventure préhistori'k

à partir de 5 ans

Font-Romeu

Se replonger à travers des animations ludiques et pédagogiques dans l'univers de la préhistoire et se rendre compte de la manière dont vivaient nos ancêtres, voilà ce que propose ce parc préhistorique. En pleine nature, vous allez vous initier à la chasse au propulseur, à l'arc, voire à l'épieu, vous allez apprendre à faire du feu en frottant des cailloux (c'est une image), mais vous allez aussi être amené à faire des expériences de fouilles archéologiques et découvrir des vestiges. Les amateurs d'art pourront même laisser une trace rupestre sur une pierre ou sur une ardoise à la manière de ceux qui réalisèrent la grotte de Lascaux. Reproduire les gestes ancestraux de l'humanité, pour comprendre les origines et mesurer le chemin parcouru depuis l'aube de la civilisation, une expérience assez rare et certainement très bénéfique pour toutes les générations.

De mai à mi-octobre sur réservation

1/2 journée

De 9h à 12h et de 14h à 18h30

Adulte : de 12 à 26 € • -12 ans : 22 €
- 5 ans : gratuit

06 80 14 18 98 • 04 68 30 23 08
www.aventure-prehistorik.com
nosaumasson@hotmail.com

Le patinage

à partir de 5 ans

Font-Romeu

La patinoire de Font-Romeu est ouverte au public en période scolaire. Les visiteurs et les accompagnants peuvent s'y installer gratuitement et suivre l'évolution de leurs chérubins. Vous pouvez vous aussi chausser les patins et accompagner vos enfants sur la glace. Côté sécurité, gants et casques sont très recommandés.

Toute l'année

1h à 2h

Ouvertures ponctuelles et horaires variables. Se renseigner au :
04 68 30 68 30 • 04 68 30 86 60

Tarif unique (+ patins) : 5 €

Patinoire Philippe Candeloro
2 av. Pierre de Coubertin
04 68 30 83 29

La via ferrata de Llo

à partir de 5 ans

Llo

À tous ceux qui rêvent d'alpinisme, mais qui hésitent à se lancer à l'aveugle dans une activité qui demande quand même un minimum d'équipement et de savoir-faire, les via ferrata sont une excellente occasion de tester ses capacités et ses réactions face à une paroi et au vide. Non loin du village de Llo, dans les gorges de la rivière Sègre on a aménagé trois voies sur une falaise quasi verticale, avec trois niveaux de difficulté. Sur un parcours de 350 et 800 mètres, vous allez prendre un dénivelé de 260 mètres.

Pour évoluer, divers équipements ont été aménagés dans la paroi, dont bien entendu un câble bien nommé « ligne de vie » qui sera votre meilleur ami tout au long de votre randonnée-escalade. La sécurité est assurée par vos soins à l'aide de mousquetons. Il faudra quand même être en bonne condition physique, car une fois engagé, il faut aller jusqu'au bout, soit quelques heures à évoluer à flanc de rocher. La beauté du paysage surplombé est aussi un des atouts du site.

Toute l'année

De 40 min à 3h

Juillet, août : 7j/7 de 9h à 16h
Hors saison estivale : WE et vac. scol. de 10h à 15h

Itinéraire 1 : 16 €
Itinéraire 3, 4 : 29 €
Parcours tyroliennes : 26 €

Parc des loisirs, carretera del Sègre
06 85 02 23 84
contact@via-ferrata-de-llo.com
www.via-ferrata-de-llo.com

Les parcours :
Itinéraire 1 : enfant +5 ans (40 min à 1h15)
Itinéraire 3 : enfant +12 ans (2h30 à 3h)
Itinéraire 4 : enfant +14 ans (2h30 à 3h)

Le Bike park des Angles

à partir de 5 ans

Les Angles

Conçus pour proposer des approches ludiques du VTT, les « bike park » commencent à se développer dans le département. Le principe est assez simple, il offre des circuits de descente balisés comme pour les adeptes du ski, avec des difficultés variables. Si l'on parle surtout de descente, c'est que l'on accède aux points hauts avec une télécabine (celle des pistes de ski), et que l'on a plus qu'à descendre en travaillant surtout l'art du freinage et de l'évitement des obstacles. Sur certaines pistes on en a même aménagé des artificiels pour mettre vos capacités de pilotage à l'épreuve. Fréquenter les bike parks, c'est aussi l'occasion de découvrir les panoramas de la montagne, ils sont grandioses. Casque, gants et autres protections vous seront mis à disposition, car la pratique du VTT de descente en montagne reste une discipline comportant des risques.

De juin à octobre

7j/7 en juillet, août
Sept. : WE de 9h15 à 17h15

À partir de 19 €/4h • 76 €/6 jrs

04 68 04 32 76 • 04 68 04 42 18
les-angles@les-angles.com
www.lesangles.com

Plus de 50 km de piste, noire, rouge, bleu, verte et des parcours familles.

Une station de lavage (gratuite) se trouve au départ des télécabines.

L'escalade

à partir de 5 ans

Font-Romeu

L'escalade se pratique au printemps et en été du côté du rocher-école de Font-Romeu. Une activité à faire en famille où chacun va jouer à tour de rôle le grimpeur ou l'assureur toujours sous l'autorité bienveillante du moniteur. La séance va vous apprendre les techniques de rappel, de grimpe, d'assurage. À partir de 5 ans, les enfants peuvent enfiler sans souci leur premier baudrier et se mettre à la conquête de la paroi. Les groupes se constituent et se forment en fonction des âges sans jamais dépasser 10 personnes.

D'avril à octobre

2 à 3h

À partir de 30 €/pers

Ozone3
38 & 47 av. Emmanuel Brousse
04 68 30 36 09 • www.ozone3.fr
contact@ozone3.fr

Le tir à l'arc

à partir de 5 ans

Font-Romeu

Activité qui demande de la concentration, de la gestion de l'effort et de la maitrise de soi au moment où il faut lâcher la flèche. Les moniteurs seront là pour vous guider et vous donner la joie de faire vos premiers « carreaux ». Les séances durent, en fonction de l'âge et de la condition physique de chaque jeune, entre 30 minutes et une heure.

Juillet, août

30 min à 1h

8 €/30 min • 12 €/h • stage de 6 séances 120 € • mini test 5 €

Ozone3
38 & 47 av. Emmanuel Brousse
04 68 30 36 09 • www.ozone3.fr
contact@ozone3.fr

SOLUTIONS

Baptême en dameuse

à partir de 5 ans (accompagné)

Porté-Puymorens

On travaille aussi la nuit dans les stations de ski. Par exemple pour damer les pistes tous phares allumés. Une activité spectaculaire grâce à ces engins mécaniques surdimensionnés qui se moquent des déclivités et qui avalent les pistes avec une agilité déconcertante. Il est très rare de pouvoir partager un moment le travail de ces hommes de la neige. À Porté-Puymorens, c'est possible. La station la plus familiale du secteur a pensé que les vacanciers, et pas seulement les plus petits, aimeraient au moins une fois, participer à ce travail de la neige. C'est ainsi qu'il est possible de ressentir, vous aussi, les sensations incomparables de cette activité montagnarde étonnante aux côtés des pros de la dameuse. Vous comprendrez pourquoi il est nécessaire de s'occuper nuitamment des pistes, comment on réalise des manteaux neigeux homogènes, comment on efface les trous dans les descentes. Durant une bonne heure, sanglé dans la cabine tout à côté des pilotes, car ici on peut parler de pilotage, vous allez vibrer en pleine communion avec la machine dans les crachotements de la radio. Et si votre dameur d'un soir doit s'atteler à une piste rouge, attendez-vous à voir défiler sous vos yeux une pente des plus impressionnantes. Et si la pente est plus engagée encore, la dameuse va s'accrocher à un filin tracté par un treuil pour faire escalader les 12 tonnes de la machine sur des déclivités de 40%. Vous aimiez les balades en 4X4, vous allez adorer les descentes de pistes aux inclinaisons improbables dans la cabine de l'engin à chenille.

ILS VONT ADORER !

De janvier à mars

1h

5 €/pers

Station de ski de Porté-Puymorens
04 68 04 82 41

Stage petit trappeur

à partir de 6 ans

Font-Romeu

L'hiver c'est aussi l'occasion de participer en famille à un « stage trappeur ». Les pros de la montagne vous entraînent durant une après-midi dans l'univers des chasseurs du Grand Nord (ceux qui ont lu Croc blanc vont replonger dans leur enfance). La séance va comporter la pratique de la raquette, la reconnaissance sur le terrain des traces d'animaux et la construction d'un igloo. Et c'est là qu'il est important que les parents soient avec les enfants, car construire ne se fait jamais seul. Les groupes sont formés de 12 trappeurs maximum.

De janvier à mars

1/2 journée

Enfant : 17 € • adulte : 22 €

Ozone 3, av. Emmanuel Brousse
04 68 30 36 09 • www.ozone3.fr
contact@ozone3.fr

Balade en raquettes

à partir de 7 ans

Dans la famille des amateurs de grand air, d'espace et de neige, je demande le contemplatif qui n'a pas peur non plus de l'effort. C'est un lointain cousin de celui qui se contente de descendre à toute allure sur les pistes noires ou rouges qu'il va ensuite remonter en télésiège, c'est un frère de celui qui skie à la vitesse de l'homme qui marche sur des pistes damées et balisées. Non, lui c'est un explorateur dans l'âme qui veut sortir de l'ornière et son arme absolue est la raquette. Une pour chaque pied. Il va fouler une neige vierge pour admirer le paysage et se remplir les poumons de l'air pur bien loin de l'agitation qui règne au pied des pistes de ski nordique. Une autre approche de la montagne, une autre philosophie.

De décembre à mars

De 1h à la journée

À partir de 20 €/demi-journée encadrée par un pro

Liste des professionnels spécialisés p.178

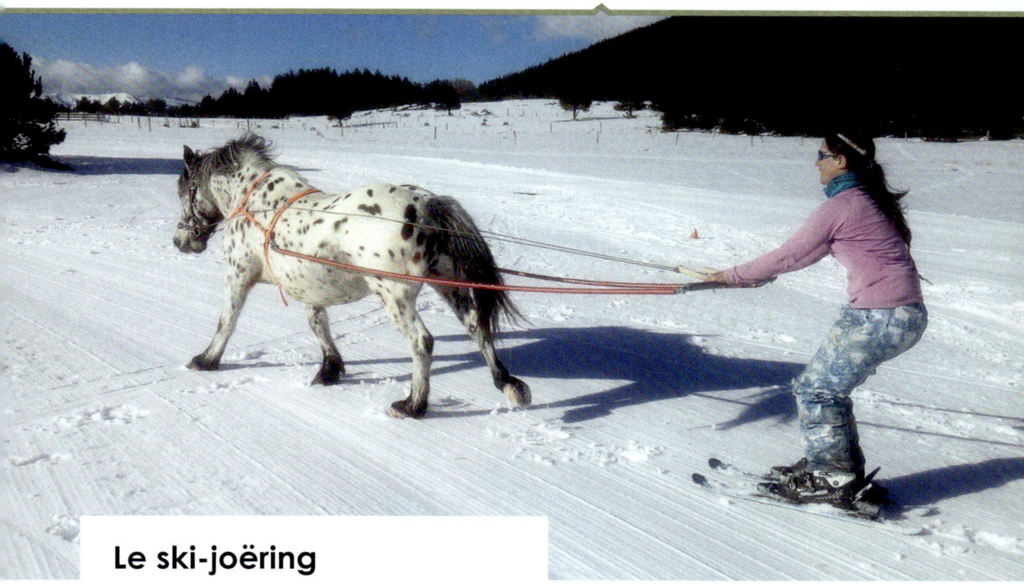

Le ski-joëring

à partir de 7 ans

La Quillane

NOUVEAUTÉ !

Une pratique ancestrale que l'on trouve en Suède 2500 ans av. J.-C. Elle consiste à faire du ski en étant tracté par un animal. C'était le meilleur moyen de déplacement quand la hauteur de neige ne permettait pas d'autres techniques de transport. Il était ainsi possible de traverser de vastes étendues à moindre effort.

Ici le ski-joëring vous est proposé avec un petit cheval sur un espace damé et sécurisé en bordure de forêt, permettant ainsi une pratique aisée de cette activité. L'avantage est qu'il n'est pas nécessaire de connaître les techniques de monte pour se laisser tracter. Il faut en revanche être assez à l'aise sur les skis.

À partir de 7 ans, l'enfant peut tout simplement se maintenir à une barre de traction reliée au poney que le parent va conduire. L'animal va tranquillement tirer le jeune skieur. Une balade sans accroc à la vitesse du cheval.

À partir de 12 ans, première étoile en poche, aucun problème, votre enfant est prêt pour l'aventure. Si vous êtes un peu plus sûr de vous (vous ou votre enfant), il y a alors deux possibilités de faire du ski-joëring. Soit vous confiez les rênes à la monitrice et vous vous concentrez sur vos skis. Soit vous pratiquez en autonomie avec votre cheval (on vous aura briefé avant de vous laisser partir sur une vaste zone clôturée). À partir du moment où vous sentez bien les choses, on peut commencer à rajouter des difficultés, comme un slalom, des sauts, de la vitesse.

De décembre à mars

De 15 min à 30 min

Sur réservation

Baptême (de 7 à 12 ans/niv. flocon) : 10 €/15 min • Découverte (+12 ans/niv. 1re étoile : 25 €/10 min de théorie + 20 min de pratique • Sensation (+14 ans/niv. 2e étoile) : 25 €/10 min de théorie + 20 min de pratique

Mountain Pony, espace nordique
06 15 45 09 60 • www.mountainpony.fr
marion@mountainpony.fr

SOLUTIONS

	C											
	I			P	I	S	T	A	C	H	E	S
	T							M				
	R		F				D	A	T	T	E	
P	O	I	R	E		F		N		O		
	N		A			I		D		M		
P			M	A	N	G	U	E		A		
O			B			U		S		T		
M	E	L	O	N		E				E		
M			I							S		
E			S									
		C	E	R	I	S	E					

1

4

7

10

2

5

8

11

3

6

9

12

Le biathlon sur gazon ou sur neige

à partir de 7 ans

La Llagonne (col de la Llose)

Dans le département des Pyrénées-Orientales, on a aussi des héros sportifs. Martin Fourcade en est un, et pas des moindres. On ne compte plus ses médailles olympiques, ses trophées, ses globes de cristal et ses titres de champion du monde. Ce spécialiste du biathlon a donné des idées et des envies à un tas de gamins qui veulent eux aussi découvrir cette discipline. Mais comme on n'a pas toujours la chance d'avoir de la neige, même en montagne, pour pratiquer le ski de fond et le tir allongé, on a inventé le « biathlon sur gazon ». Mêmes sensations, le froid en moins.

Pour ce qui est de l'arme, pour garantir une parfaite sécurité des pratiquants quel que soit leur âge, les carabines classiques de la discipline olympique ont été troquées par des carabines optiques. La cible est à 10 mètres, vous êtes allongé, vous êtes concentré, vos bloquez votre respiration, vous visez, vous appuyez sur la détente. Pas de bruit, ni claquement, ni odeur de poudre, juste une lumière qui s'allume sur la cible si vous l'avez bien pointé. Ce sport qui allie une course de fond (en ski si la neige est au rendez-vous) et une épreuve de concentration développe la maitrise de soi et de son stress. Cela ne viendra pas d'un coup de baguette magique, mais avec un certain entrainement de l'effort et de la discipline. C'est sûr, vous pouvez y arriver, vous y arriverez.

De décembre à avril : sur neige
De mai à septembre : sur gazon

1h30

À partir de 21 €/pers.

Fred Maugery • 06 74 82 43 49
fred.maugery@orange.fr
www.onaturel66.com

Le quadbike

à partir de 10 ans *

Bolquère

Imaginez un VTT, mais sur lequel on aurait greffé deux roues supplémentaires, amélioré le freinage, la suspension, le confort de la selle. Vous avez là le quadbike. Un genre de quad, mais sans moteur, tout en légèreté et prêt à vous faire dévaler les pentes et les sentiers de la montagne catalane. Et ce, en été comme en hiver, car le quadbike adore aussi la neige, comme la boue. Et comme il ne pollue pas et ne dérange pas la faune, il est partout chez lui. Avec sa stabilité et son usage très sécurisant, le quadbike est très demandé par tous ceux qui étaient tentés par le VTT, mais qui n'osaient pas se lancer à l'aveugle. Il ne nécessite aucune compétence particulière, il peut être pratiqué par des enfants comme des personnes bien plus âgées, voire même des personnes à mobilité réduite. De toute manière, des moniteurs encadrent les sorties et prodiguent les conseils de base.

Juillet, août 7j/7

1 à 3h

De 9h à 19h
Réservation 48h à l'avance

Parcours découverte 1h : 22 €
Parcours sensation 1h30 : 30 €
Parcours panoramique 2h : 40 €
Parcours grand espace 3h : 55 €

QBX Quadbike
Pyrénées 2000 • 06 88 58 27 16
www.qbx-quadbike.com
contact@qbx-quadbike.com

* mesurer 1m40 minimum

La trottinette et le karting de descente

à partir de 6 et 11 ans et moins accompagné d'un adulte

Font-Romeu

En dehors de la saison hivernale et de la pratique du ski, la montagne peut aussi devenir un grand parc de jeu et d'activités sportives. Vous ne connaissez peut-être pas le karting tout terrain, électrique ou pas, mais vous allez adorer. C'est un peu le mariage entre un skate et un vélo, un engin très pratique, maniable, facile et surtout très agréable à piloter (dès 6 ans). Vous et votre trottinette vous allez défier les pistes et les sentiers qui serpentent entre les arbres et dans la montagne sauvage.

Le Devalkart, tout comme la trottinette, n'est pas motorisé, la remontée s'effectue grâce à un téléski.

Le Parc multiactivité Dévalkart propose également aux enfants de dévaler les pistes au volant de trottinettes de descente (dès 11 ans) ou encore de faire quelques tours de circuit au guidon de quad de 50 à 90 cm³. Les enfants pourront aussi s'envoyer en l'air sur l'aéro trampoline (dès 2 ans). Équipés d'un harnais et grâce à l'impulsion et l'assistance élastique, ils pourront réaliser les figures les plus folles.

Juillet, août 7j/7

1 à 3h

De 10h à 12h et de 13h30 à 18h

Trottinettes-tout-terrain :
À partir de 3 €/tour (dès 11 ans)
Devalkart : 4 €/tour (dès 6 ans)
Quad 50 cm3 : 7 €/7 min (+6 ans seul)
Quad 90 cm3 : 9 €/7 min (+12 ans ou un Enfant de moins de 6 ans + un adulte)
Aérotrampoline : 6 € (+2 ans)

Lieu-dit « Les Airelles »
(pied des pistes de Font-Romeu)
06 80 42 53 02 • 06 64 99 39 90
www.deval-kart.com
laetiibarz@hotmail.fr (trottinettes)
michelibarz@wanadoo.fr (Quad)

Possibilité de prendre un enfant de moins de 6 ans à la descente.

Baptême en motoneige

à partir de 10 ans

Font-Romeu

On a tous ces images de motoneiges qui filent sur les pistes vierges au Canada ou dans le Grand Nord. Qui n'a pas rêvé d'en faire autant, de s'affranchir des routes et de la circulation pour enfourcher un cheval mécanique qui se commande d'une main sur la poignée des gaz. Et bien ces sensations de liberté vous pouvez les toucher du doigt avec les baptêmes en motoneige que propose Snow découverte. Une balade bien emmitouflée dans votre parka qui va vous permettre de découvrir des paysages sous un nouvel angle en parcourant des pistes enneigées à souhait. Lors de votre baptême, vous pourrez même prendre les commandes pendant une dizaine de minutes.

De décembre à mars

30 min

16h à 19h

Tarif unique : 25 € (casque fourni)

Snow découverte
espace fermé du golf de Font-Romeu
06 81 54 80 42 • contact@agence-pmd.com

Le Fat bike

à partir de 10 ans

La Llagonne (col de la Llose)

Littéralement « gros vélo ». Ce qu'il y a de gros sur ces engins étonnants ce sont surtout les pneus. Les VTT classiques ne mégotaient pas déjà sur la largeur du caoutchouc, mais là c'est bien plus fort encore, 4 à 5 pouces et peu de pression, cela devrait parler à ceux qui connaissent les normes de la mécanique. Mais il faut bien cela pour se mesurer aux terrains difficiles que l'on traverse. Il va y avoir au choix de la neige, de la boue, du sable, des flaques d'eau. Ou les quatre en même temps, et peut-être même d'autres surprises comme en réserve souvent la montagne. Mais c'est là que réside le plaisir, descendre les pistes inaccessibles et se jouer des obstacles et des irrégularités du terrain bien juché sur sa selle.

De décembre à mars

1h et plus

À partir de 32 € les 2h
1h d'initiation : 15 €

Dominique Cadena
06 70 77 53 22 • domari34@orange.fr

Battle archery, le paintball avec des arcs

à partir de 10 ans

Font-Romeu

De décembre à mars

1h ou plus

De 10h à 20h

À partir de 12 € /h

Divers lieux possibles
06 64 39 62 36 • www.battlearchery.fr
contact@battlearchery.fr

Les amateurs de jeux d'affrontement connaissent le paintball, qu'il soit avec des billes de peinture, ou des armes laser. Ils vont certainement apprécier le Battle archery. Sous ce nom anglo-saxon se cache une activité de jeux de bataille non plus avec des armes d'aujourd'hui mais avec des arcs et des flèches. Rassurez-vous cette activé est sans douleur et sans bleus sur le corps (contrairement au paintball) car les embouts sont en mousse. On porte toutefois des masques de protection ce qui permet aux enfants d'une dizaine d'années de pratiquer sans risque. L'originalité du prestataire est qu'il peut aménager le champ de bataille à votre domicile (prévoyez quand même une certaine place, un terrain de 300 m² est la bonne jauge).

Baptême de plongée sous glace

à partir de 14 ans (+1m60)

Les Angles (Lac de Balcère)

Niché à 1770 m d'altitude sur la commune des Angles, le lac de Balcère est un spot connu des pêcheurs, des randonneurs, des fans d'escalade et des amateurs de pique-nique. Une bien jolie perle incrustée dans une montagne préservée. Plus étonnamment, le lac permet aussi d'accueillir des plongeurs. Mais pas n'importe lesquels, ceux qui aiment pratiquer leur sport quand il fait bien froid, et surtout quand la surface de l'eau est gelée. Ce qui arrive fréquemment durant les mois d'hiver. Vous faites un trou dans la glace et vous vous glissez avec une petite appréhension, mais aussi un certain délice dans l'eau froide du lac. Il va sans dire que vous êtes équipé d'une combinaison étanche, de gants et de tout l'équipement adapté à ces températures qui flirtent avec le zéro. Les sensations qui vont alors s'offrir à vous resteront inoubliables. La vision des bulles d'air qui tentent de s'échapper vers la surface et qui finissent par danser en contre-jour dans la glace est, d'après les pratiquants, un spectacle dont on ne se lasse pas. Et quant à savoir comment retrouver la sortie à l'issue de votre balade sous la chape glacée, pas de crainte, les moniteurs sont toujours à vos côtés et un fil d'Ariane vous relie constamment à l'air libre. Vos dernières craintes viennent de s'envoler, vous pouvez plonger.

De janvier à mars

2h (dont 20 min sous la glace)

Le WE sur réservation

À partir de 85 €/pers

Cap Cerbère
04 68 88 41 00 • 06 75 82 67 62
capcerbere@gmail.com
www.capcerbere.com

Rederis plongée
04 68 88 31 66 • 06 14 45 26 30
contact@rederis.com • www.rederis.com

DANS TOUT LE DÉPARTEMENT

Vous trouverez ici des activités installées aussi bien en plaine qu'en montagne, sur la côte qu'en milieu plus urbain.

Il y a par exemple lacs, étangs et autres retenues d'eau. Naturels ou construits par l'Homme pour maitriser l'hydrologie, ces sites sont nombreux dans le département. Suivant le cas on peut s'y baigner, pêcher, ou pratiquer des activités ludiques. Ce sont aussi des havres de tranquillité et de fraicheur. Question éléments, après l'eau vous pouvez vous mesurer à la Terre avec les grottes et les cavités, l'Air avec les baptêmes en aéronefs de différentes sortes, ou le Feu avec les moteurs des kartings. Quand on vous disait que les Pyrénées-Orientales n'avaient pas fini de vous étonner...

Carte des plans d'eau, des lacs et des étangs du département

01 Le lac des Escoumes à Vinça
02 Le barrage de Vinça
03 Le plan d'eau de Prades
04 Les lacs de Millas
05 Le lac de Caramany
06 Le lac de Maury
07 Les lacs de St-Jean-Pla-de-Corts
08 L'étang de Canet
09 Le petit lac de Villeneuve-de-la-Raho
10 Le grand lac de Villeneuve-de-la-Raho
16 Le plan d'eau de Saleilles
12 Le lac du Soler
13 L'étang du Barcarès-Leucate
14 L'étang de Saint-Estève
15 Le plan Sant Marti de Palau-del-Vidre
16 Le lac de Matemale
17 Le lac des Bouillouses et les lacs du Carlit
18 Le lac des Camporells
19 Le lac de Puyvalador
20 Le lac de Balcère
21 Le lac d'Osséja

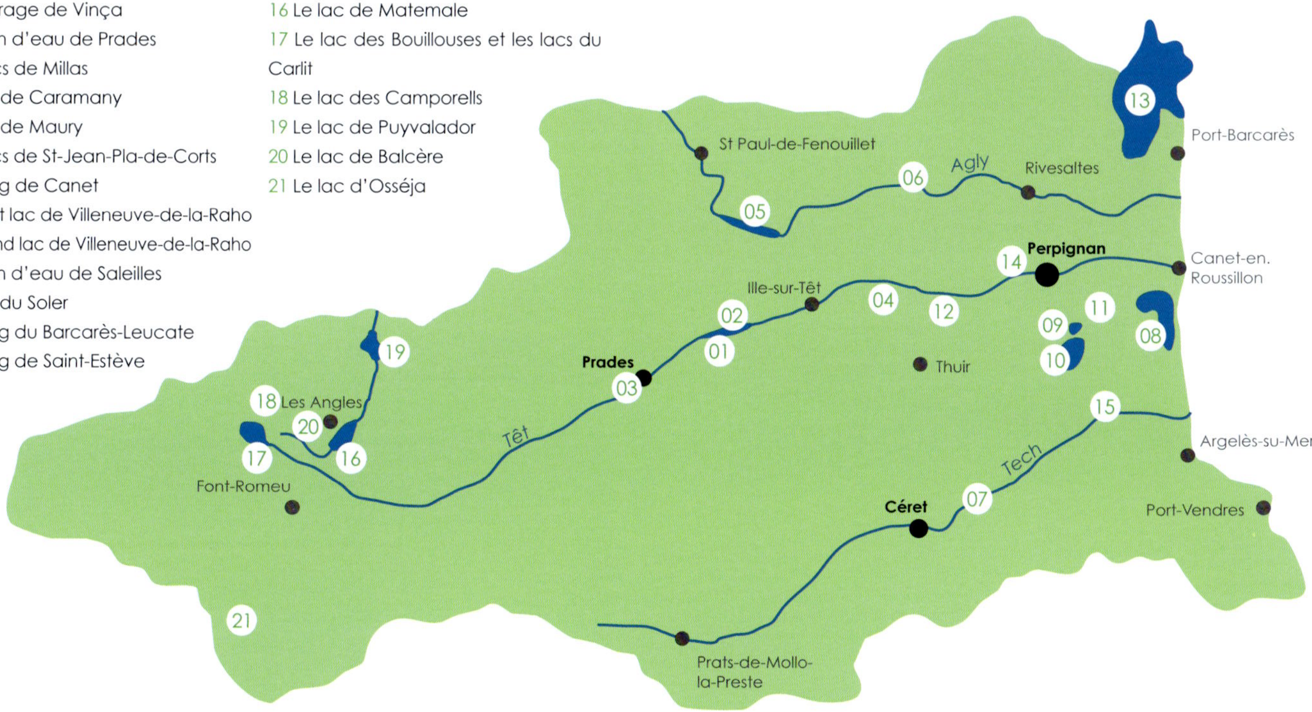

Lacs, étangs et plans d'eau

dès ses premières semaines

Plusieurs lacs, étangs ou plans d'eau sont aménagés dans le département. On peut y pratiquer suivant le cas, la pêche, la baignade ou le farniente. Ce sont parfois des endroits agréables pour une balade tranquille et reposante. Chaque site a sa particularité, ses contraintes et ses spécificités. Entre Vinça ou Saint-Jean-Pla-de-Corts qui misent sur les animations ou ceux de Prades ou de Millas plutôt destinés à la pratique de la pêche le choix est large.

Vallée de la Têt

01 Le lac des Escoumes à Vinça

Alors que la grande retenue d'eau n'est pas ouverte aux activités autres que la pêche, de l'autre côté de la Nationale se trouve la partie accessible pour les amateurs de bronzette et de jeux d'eau divers. La plage est surveillée en saison, et des jeux gonflables y font la joie des enfants. On peut également y pratiquer le canoë gonflable, le paddle, le kayak ou encore le pédalo (Voir p.92).

02 Le barrage de Vinça

Ici pas de baignade possible, mais vous pourrez faire découvrir un barrage de très près à vos enfants. À certaines périodes, les Canadairs viennent faire des exercices et des manœuvres d'écopage sur le lac, comme sur celui de Villeneuve-de-la-Raho. Un spectacle impressionnant que vos enfants ne seront pas près d'oublier.

03 Le plan d'eau de Prades

Tout à proximité du camping, ce petit lac est ouvert à la pêche (sans carte spéciale, il suffit d'acheter le droit de pêche à la journée). On peut s'y balader, le tour du lac ne vous prendra que quelques minutes à l'ombre des arbres et en discutant avec les pêcheurs du dimanche.

04 Les lacs de Millas

Créés au départ pour les pêcheurs à la mouche, le lac peut aussi être une destination sympa pour un moment bucolique à la fraîche.

Vallée de l'Agly

05 Le lac de Caramany
Fréquenté par les pécheurs de carnassiers qui espèrent leurrer le silure. La baignade n'y est pas autorisée, mais il y a beaucoup de circuits de balade et de randonnée autour du lac (voir « le sentier des oiseaux » p.68).

06 Le lac de Maury
Situé au nord du département, sur le plateau de «La Viadène», à proximité de Saint-Amans-des-Côts, le lac de Maury s'étend sur 167 hectares au confluent de la Selves et du Selvet.

Vallée du Tech

07 Le lac de St-Jean-Pla-de-Corts
Écrin de verdure très prisé en toute saison. Gazon, ombre, mais aussi jeux pour les enfants, tyroliennes et même ski nautique électrique, il y en a pour tout le monde. On y trouve des pédalos et oxoons (petits bateaux à moteur) et des jeux gonflables sur l'eau. Durant la saison estivale, l'accès est payant (2,5 €) pour les véhicules. (Voir les activités sur place p.81 et p.83)

Plaine & littoral

08 L'étang de Canet
Il fut une époque où les pêcheurs exerçaient leurs activités sur cet étang qui communique avec la mer. Aujourd'hui, il reste surtout leurs cabanes en sanils (roseaux marins) qui sont toujours très photogéniques.
Belle destination de promenade champêtre. Suivant les saisons on peut aussi y admirer les colonies d'oiseaux migrateurs qui viennent ici se poser le temps de reprendre leur souffle.

09 Le petit lac de Villeneuve-de-la-Raho
Une belle plage pour se baigner en eau douce avec la chaine pyrénéenne et le Canigou en point de vue. La profondeur est faible ce qui fait que l'eau est rapidement à température et les enfants ont pied.

10 Le grand lac de Villeneuve-de-la-Raho
Le rendez-vous des sportifs qui enchainent le tour du site (6,15 km) dans un sens ou dans l'autre. Attendez-vous à découvrir sur les rives les pêcheurs de carpes, le site est très connu, notamment par les Anglais, fins carpistes. Par contre vous n'aurez pas à partager la piste avec des engins motorisés, ils sont interdits de séjour ici.

11 Le plan d'eau de Saleilles
Calme et peu fréquenté, le site est idéal pour la balade avec poussette. Les pêcheurs aiment venir y taquiner le gardon. Le lieu est équipé de quatre barbecues, de tables et de bancs pour ceux qui souhaiteraient faire des grillades. Vous pouvez aussi choisir l'option pique-nique dans l'herbe. Les chiens doivent être tenus en laisse.

12 Le lac du Soler (lac du moulin)
Petit coin de verdure bien agréable au bord de la Têt avec guinguette et sentier de promenade. Le parc des « Jeux du Moulin » offre aux tout-petits une py-

ramide de corde et divers jeux fixes.

13 L'étang du Barcarès-Leucate
Plusieurs communes (et deux départements) se partagent les abords de l'étang qui est ouvert en partie sur la mer. Activités nautiques diverses (kitesurf, planche à voile, jet-ski, ski nautique, baignade, pêche de loisir...) côtoient les activités de pêches professionnelles et la conchyliculture. C'est ici que de nombreux records de vitesse ont été battus. (Voir p.39, p.43 et p48)

14 L'étang de Saint-Estève
Petit lac ombragé avec jeux pour les enfants, parcours de santé et coins pique-nique. Comptez un petit quart d'heure pour faire le tour du site tranquillement.

15 Plan d'eau Sant Marti de Palau-del-Vidre
Plutôt à la destination des pêcheurs, le site est aussi agréable pour s'y promener et observer la nature. Quelques jeux et coins pour pique-nique sont proposés sur le site.

Cerdagne & Capcir

16 Le lac de Matemale
Destiné à faire turbiner les machines d'EDF, ce lac artificiel est néanmoins intéressant pour s'y balader à ses abords. On peut parcourir à vélo ou tout simplement à pied le haut du barrage, une belle ligne droite et bien plane.
(Voir l'activité voile sur le lac p.125)

17 Le lac des Bouillouses et les lacs du Carlit
Le lac des Bouillouses avec son barrage ravira les pêcheurs à la truite. Les lacs du Carlit, quant à eux, feront le bonheur des parents et des enfants. Le site comporte de nombreux parcours de randonnées. (voir la fiche sur les Bouillouses p.132)

18 Les lacs des Camporells
Lacs d'altitude dans un site sauvage et préservé. Sur place, le refuge des Camporells (06 82 12 99 22) est ouvert 7j/7 de juin à septembre.

19 Le lac de Puyvalador
Le barrage sur la rivière Aude situé en Capcir, frôle un lac ouvert à de nombreuses activités nature. Vous pourrez même y pratiquer la planche à voile. (Voir la fiche planche à voile p.43)

20 Le lac de Balcère
Petit lac naturel situé à 1770 m d'altitude sur la commune des Angles il offre la possibilité de pratiquer notamment la pêche touristique. Les balades autour et aux abords du site sont très prisées.
L'hiver vous pourrez tenter l'expérience de la plongée sous glace (voir p.148).

21 Le lac d'Osséja
Inséré dans un paysage verdoyant et montagnard, le plan d'eau aménagé donne la possibilité de balades et de pique-nique à l'ombre des grands arbres. Les pêcheurs aussi trouveront ici un terrain de jeux idéal.

Les voies vertes

à partir de 2 ans

Le département et les collectivités ont aménagé sur presque tout le territoire de nombreuses voies vertes pour les cyclotouristes. Elles sont souvent sur les emprises des anciennes voies ferrées, et surtout sont réservées aux marcheurs, mais aussi aux rollers, voire aux poussettes, mais bien entendu aux deux roues non motorisés. Sécurité et tranquillité garanties. On peut ainsi pédaler dans l'arrière-pays, en Fenouillèdes, en Vallespir ou encore dans les Aspres. Sur les berges de l'Agly une piste a également été réalisée, on longe la rivière et l'on peut rejoindre la mer sans gros efforts, tout est quasiment plat. Et c'est là que l'on se dit que le vélo, qu'il soit à assistance électrique ou pas, reste le meilleur moyen pour découvrir les paysages et les charmes des Pyrénées-Orientales sans bruit, sans pollution et sans se presser.

LES VOIES VERTES

Céret - Arles-sur-Tech : 10 km

Argelès-sur-Mer - Le Boulou : 21km

Perpignan - Thuir : 15 km

Port-Barcarès - Argelès-sur-Mer : 32 km

Sainte-Marie-la-Mer - Perpignan : 13km

Saleilles - Canet plage : 11km

Port-Barcarès - Rivesaltes : 15km

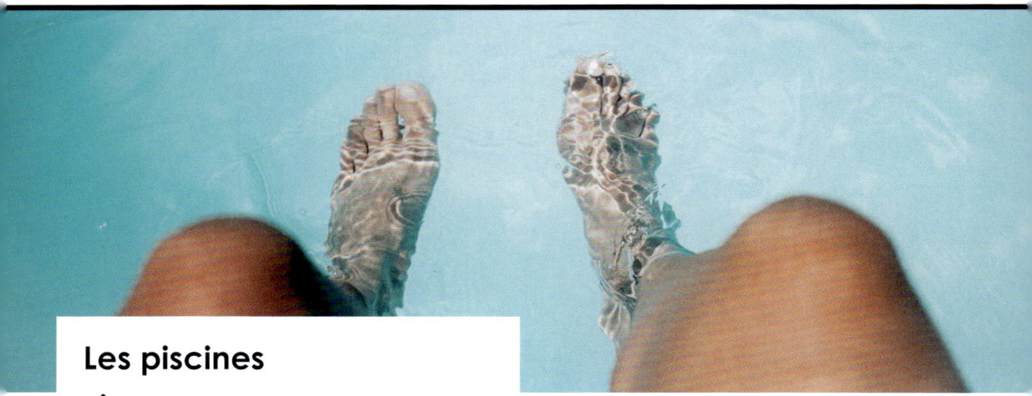

Les piscines

à partir de 2 ans

On trouve dans toutes les communes ou presque, des piscines. Moins glamour que la petite crique de bord de mer, moins original que la rivière qui coule entre les arbres, mais avec tout le confort. Cabine pour se changer, douche pour se débarrasser des reste de chlore qui vous colle à la peau, et maître-nageur tout en muscles pour la sécurité des petits. Tout est prévu pour un moment de détente en pouvant même garer la voiture tout à côté. Le lieu aussi où les enfants pourront faire des rencontres et se trouver de nouveaux copains.

AMÉLIE-LES-BAINS
Chem de la Piscine
04 68 39 07 24
Découvert

ARGELÈS-SUR-MER
130 av. Charlemagne
04 68 37 04 05
Couvert

ARLES-SUR-TECH
Rue du gymnase
04 68 39 12 22
Découvert

CANET-EN-ROUSSILLON
Piscine Europa
142 av. des hauts de Canet
04 68 86 72 30
Découvert

Piscine Henri Sérandour - Arlette Franco,
Av. des hauts de Canet
04 68 86 72 30
Couvert

CÉRET
Place de Lüchow
04 68 87 04 52
Découvert

CORSAVY
Le village
04 68 39 26 51
Découvert

ERR
Espace Aqualudique
3 cami Vora Riu
04 68 04 72 94
Découvert

ESTAGEL
Av. du docteur Cartade
04 68 29 11 78
Bassin couvert

ILLE-SUR-TÊT
Route de Prades
04 68 84 78 93
Découvert

LE BOULOU
15 rue Ronsard
04 68 83 18 74
Découvert

MATEMALE
Centre de loisirs
Lo Tord
04 68 04 34 64
Couvert - Découvert

MONTFERRER
04 68 39 12 44
Découvert

PERPIGNAN
École St-Gauderique
1 bis Ernest Renan
04 68 50 40 25
Couvert

Gilbert Brutus
Arlette Franco
2 rue du méridien
04 68 62 70 01
Couvert

La Garrigole
2 rue Maurice Levy
04 68 85 24 72
Découvert

Moulin à Vent
La Catalane
80 av. Paul Alduy
04 68 68 46 68
Découvert - Couvert

PRADES
Allée plaine St-Martin
04 68 96 41 30
Découvert

PRATS-DE-MOLLO-LA-PRESTE
Rue Barthlémy Xatard
04 68 39 70 84
Découvert

PRATS-DE-SOURNIA
Chemin des Milles
04 68 97 74 06
Découvert

RIVESALTES
v. de la Marne
04 68 52 61 60
Couvert

ST-CYPRIEN
Parc Aqualand
Av. des champs de Neptune
04 68 21 49 49
Découvert

Aquasud
1 rue Montesquieu
04 68 21 50 24
Couvert

ST-ESTÈVE
Chemin des aloès
04 68 92 27 06
Découvert - Couvert

ST-LAURENT-DE-CERDANS
Route Arles-sur-Tech
04 68 39 51 14
Découvert

ST-PAUL-DE-FENOUILLET
Rue Docteur Louis Brun
04 68 59 00 43
Découvert

TARGASSONNE
3 bis route d'Andorre
04 68 30 25 03
Couvert

THUIR
Av. de la Méditerranée
04 68 53 04 92
Découvert

VERNET-LES-BAINS
Av. St-Saturnin
04 68 05 35 71
Couvert

Les fermes découverte

à partir de 2 ans

Les plus petits seront à la fête. Pensez donc, voir, toucher et caresser des animaux, voilà des choses que l'on a pas toujours l'occasion d'apprécier quand on habite la grande ville. Ces fermes découverte ont aménagé le plus souvent des petits circuits, promenades tranquilles, autour des enclos et des maisons des animaux de la ferme. En fonction de l'importance du site, vous pourrez croiser des gallinacés de la basse-cour, des lapins dans leurs environnements naturels, des cochons vautrés dans leurs auges, mais aussi des moutons, des chèvres, des vaches, des chevaux... À chaque fois, des panneaux explicatifs racontent les origines locales ou non de ces animaux afin de mieux les comprendre. Avec un peu de chance, si c'est la période des naissances, vous aurez peut-être droit à donner le biberon aux petits chevreaux. Pas vous directement, bien que vous en mouriez d'envie, mais à vos enfants. Pour vous, c'est trop tard, mais vous apprécierez quand même de côtoyer tous ces animaux et le plaisir qu'ils donnent aux marmousets.

VILLEMOLAQUE
Ferme Saint-Roch
Mas les Tuileries, D900
04 68 54 27 83 • 06 86 84 27 19
lafermesaintroch@hotmail.fr
Mi-juin à mi-sept. : 7j/7 de 9h à 19h hors-saison : mer., sam., dim., jrs fériés et vac. scol. de 10h à 17h • plus de 300 animaux, parcours botanique, balades à poney, organisation d'anniversaire.
Adulte : 6 € • de 3 à 12 ans : 5 €
-3 ans : gratuit.

PÉZILLA LA RIVIÈRE
La Ferme des Colombiers
Chemin des Gourgues
06 85 67 50 67 • 06 86 96 81 33
www.lesamisdesponeysdepezilla.com
patrick.morales@orange.fr
Juillet, août : 7j/7 : de 10h à 18h30 le reste de l'année : mer., sam., dim. et vac. scol. entrée : 2 € • balade à poney : 5 €.

TORDÈRES
La ferme aux ânes
Chemin de Thuir • 06 10 70 85 99
www.ferme-anes66.com
alain.melich@outlook.fr
Fév. à nov. : mer, WE, jrs fériés et vac. scol. de 14h à 18h • juillet, août : 7j/7 de 9h à 12h et de 14h à 18h (fermé le samedi matin) • enfant : 3 € • adulte : 4 € balades à dos d'âne : 6 € • location d'un âne pour la rando : 30 €/demi-journée • 48 € la journée.

SAINT-ANDRÉ : voir p.76

CERDAGNE CAPCIR : voir p.112

Des parcs de jeux pour les petits

à partir de 1 à 2 ans

PLAINE

■ CABESTANY

Royal Kids
15 rue Michel Carré Mas Guerido
04 68 29 70 66 • perpignan@royalkids.fr
Parc de jeux couvert, espace tout-petits • mer. et WE : de 10h à 19h vac. scol. : 7j/7 de 10h à 19h

■ LE SOLER

Les fous de la Têt
Au bord du lac
06 23 32 57 47 • alix.66@live.fr
Parc de jeux en extérieur • mer., WE, jrs fériés et vac. scol. de 14h à 19h

■ PERPIGNAN

La Cabane du yéti
Route d'Elne, km 4
04 68 36 32 11
www.lecomplexe66.fr
leo.metz@hotmail.fr
Parc de jeux couvert • toute l'année : 7j/7 de 10h à 19h30

Jump Story
4 rue Léon Levavasseur
ZI Saint-Charles
04 68 37 28 99
contact@jump-story.com
Parc de jeux couvert • toute l'année : mar., jeu., ven. : de 16h à 19h, mer. de 10h à 19h (20h le WE) (fermé le lundi)

Planeta magic & planeta café
586, rue Talbot Lago
06 26 76 87 • 04 68 08 12 60
www.planetamagic
Parc de jeux couvert, restaurant, pizzeria toute l'année : pendant les vac. scol. : 7j/7 de 14h à 19h • hors vac. scol. : mer. de 10h à 20h, sam. de 10h à 23h (si réservation), dim. de 10h à 20h

LITTORAL

■ ARGELÈS-SUR-MER

Le jardin enchanté
Av. des platanes
06 09 98 51 91 • sophiequesne@yahoo.fr
www.le-jardin-enchante.com
Mini parcours aventure, toboggans, jeux gonflables, trampolines • mer., WE et vac. scol. : de 14h à 19h d'avril à juin 7j/7 de 14h à 19h • juillet, août : 7j/7 de 14h à 23h

Pirate's land
Parking du casino, allée des pins
06 09 98 51 91
www.piratelandargeles.com
Parc de jeux découvert, trampolines, jungles parcours, jeux gonflables, pataugeoire • juillet, août : 7j/7 de 10h à minuit

Tropical jump
Bd du Canigou, poste de secours n°3
06 11 42 29 31
tropical.jump66@gmail.com
Jeux gonflables aquatiques, piscines, cours de natation • mi-juin à mi-sept. de 10h à 20h

Crazy jump
Au bout de l'allée des pins
06 19 99 46 80 • www.crazyjump.com
Parc de jeux découvert • d'avril à sept. : 7j/7 de 14h à minuit d'avril à sept. 7j/7 de 14h à minuit

Le parc Vénitien
Allée des pins • 06 19 99 46 80
parcvenitien@orange.fr
www.parc-venitien.fr
Parc de jeux découvert avec petits manèges, carrousels, trampolines, pêche aux canards • d'avril à sept. : 7j/7 de 14h à minuit

■ CANET

Ludo Bulle
À côté de la place Méditerranée

06 27 13 17 44 • mel.chris66@hotmail.fr
parc de jeux découvert • d'avril à mi-sept. : mer. et WE : de 10h à 19h

Club Mickey
Av. de Toulouse
06 21 04 35 69 • laplageenfamille@sfr.fr
parc de jeux découvert, jeux gonflables, piscines, toboggans, trampolines, garderie, cours de natation, restaurant, transat • juillet, août : 7j/7 de 9h à 18h30

O'Zipo Camp
Poste de secours n°3
06 30 66 78 66 • 07 60 86 50 36
contact@ozipocamp.fr
www.zipocamp.fr
Aire de jeux découvert, piscines, espace tout-petits, pataugeoire, trampoline, jeux gonflables, location de paddle, cours de natation, snack, mai, juin et sept. : 7j/7 de 10h à 18h
juillet, août : de 9h à 19h (23h le ven.)

■ PORT-BARCARÈS

Waterpark 66
Quai des chalutiers sur la plage
06 63 12 52 15 • 06 68 54 50 16
waterpark66@gmail.com
Paddle, kayak, bouées tractées, banane, flyfish, parachute ascensionnel avril à sept. : 7j/7 de 9h à 20h

■ PORT-LEUCATE

L'Île aux Loisirs
Av. des roseaux, au bord de l'étang
06 20 37 65 19
lileauxloisirs11@orange.fr
www.lileauxloisirs.com
Espace de jeux, location de canoës, pédalos, paddles, bateaux sans permis, chasses au trésor, pêche d'avril à sept. : 7j/7 de 9h à 18h

■ SAINTE-MARIE-LA-MER

Le jardin d'Ariane
Lieu-dit Agouille de l'Auque
04 68 80 47 50 • 06 12 78 38 98
www.jardin-ariane.com
cyril.danjou@gmail.com
Labyrinthe géant de maïs, jeux et énigmes, kart à pédales 3-11 ans : 7,5 € +12 ans : 9,50 € • juillet, août : 7j/7 de 14h à 19h

■ TORREILLES

L'Île aux enfants
Route interplage
06 13 27 58 13
Parc de jeux • d'avril à juin WE et jrs fériés : de 14h à 19h • de mi-juin à début sept. : 7j/7 de 20h à minuit

ALBÈRES - VALLESPIR

■ CÉRET

Nin's Parc
16 route du Néoulous
06 23 32 57 47 • alix.66@live.fr
Parc de jeux couvert avec trampoline, jeux gonflables, espace pour les tout-petits • mer. et WE de 14h à 19h

CERDAGNE - CAPCIR

■ FONT-ROMEU

Jump'altitude
Route de l'ermitage
06 07 96 55 63 • 04 68 04 31 81
lasergameoutdoor66@gmail.com
Parc de jeux avec trampoline et jeux gonflables • vac. scol. : 7j/7 de 10h à 20h

■ LES ANGLES

Planet'Air
Lac de Matemale
06 45 99 89 33
Parc de jeux avec toboggans et jeux gonflables, atelier maquillage
juillet, août : 7j/7 de 10h30 à 19h

L'équitation

à partir de 2 ans

Le cheval, la plus belle conquête de l'Homme, est très présent dans le département. Les sites naturels ne manquent pas, qu'ils soient en plaine ou plus en altitude, il y a des centaines et des centaines d'hectares vierges pour permettre aux chevaux de s'épanouir. L'occasion pour vous, de vous laisser tenter par une pratique qu'elle soit ludique, de promenade, voire sportive dans le monde de l'équitation. Entre les clubs équestres qui tâtent de la compétition, les ranchs qui proposent essentiellement des balades le long de la plage, les élevages qui organisent des raids de plusieurs jours en pleine nature, le choix ne manque pas. Il y en a pour tous les niveaux, tous les âges, toutes les envies. Et à chaque fois, une découverte nouvelle des paysages et des lieux les plus intéressants de la région sous un autre angle, sans mécanique, sans stress, au rythme de l'animal.

Toute l'année

De 1h à plusieurs jours

Balade à **cheval** à partir de 14 €/h ou 40 €/demi-journée

Balade à **poney** à partir de 5 €/15 min
Reprises de baby-poney à partir de 15 €/h

Liste des professionnels spécialisés p.180

Les kartings

à partir de 2 ans

Le sport mécanique qui a fait rêver des générations entières continue encore à mettre des étoiles dans les yeux des petits garçons, et aussi des filles. Ils sont nombreux à avoir débuté la compétition auto en passant par les joies du kart. Foncer assis à quelques centimètres du sol sur un engin aux petites roues et au moteur pétaradant, le tout dans un parfum d'huile de ricin et dans le bruit des pistons, voilà ce qui vous attend sur les nombreuses pistes de karting dans le département, surtout sur la côte. Chaque site a sa particularité, les pistes sont plus ou moins longues, certaines possèdent des ponts et des tunnels, les karts sont plus ou moins puissants, les abords plus ou moins aménagés. Certains sites sont réservés aux jeunes pilotes d'un jour, avec des engins électriques ou de petites cylindrées, d'autres pour des adultes confirmés et tâtant la compétition.

RIVESALTES
Grand circuit du Roussillon
Le Mas de la Guarrigue
04 68 64 44 44
www.grandcircuitduroussillon.com
Dès 3 ans avec des karts électriques adaptés sur un petit circuit et dès 7 ans sur le grand circuit.

TORREILLES
Chemin mas Capellans, RD11E
04 68 28 44 75 • www.kartingdetorreilles.com
Dispose de 2 pistes, dont l'une est réservée pour les 4-8 ans. Propose des kartings biplaces à partir de 5 ans et des stages de pilotage dès 8 ans à partir de 85 €/jr.

ARGELÈS-SUR-MER
Ludi Kart
Espace de loisirs imp. Copernic
04 68 81 88 01 • www.ludikart.com
Propose un circuit à partir de 4 ans (kartings de 100cc) ainsi qu'un circuit baby à partir de 2 ans (kart électrique).

SAINT-CYPRIEN
Racing Karting 66
Chemin du Prat d'en Veil
04 68 21 41 76 • www.kartingstcyprien.fr
Kart 120cc dès 7 ans • kart 270cc dès 11 ans.

Les mini-golfs

à partir de 4 ans

Idéal pour apprendre la précision, la patience et maitriser ses gestes, le mini-golf est parfait pour passer un bon moment en famille. De nombreux parcours sont disponibles dans le département, plus ou moins élaborés, plus ou moins variés, avec des obstacles originaux ou classiques, mais tous ont quelque chose d'intéressant à proposer. L'occasion aussi de passer quelques heures au milieu, le plus souvent d'un jardin luxuriant avec des arbres, des cascades artificielles, des plantes et des fleurs de toutes sortes.

ARGELÈS-SUR-MER
Are y sem
Route de Taxo à la Mer
04 68 21 35 63

Tropical golf
Av. du 8 mai 1945
04 68 95 94 92
www.tropical-golf.com

Paradise golf
5 imp Copernic
Espace de loisirs
06 73 77 71 35
www.paradise-golf.fr

ARLES-SUR-TECH
Le Bahia
Route de la Baillie
04 68 87 87 01

BANYULS-SUR-MER
Av. de la République
04 68 88 09 57

CANET-EN-ROUSSILLON
Av. de la Côte Vermeille
04 68 80 73 91

FONT-ROMEU
Espace sportif « Colette Besson »
Av. Jean-Paul
04 68 30 38 09
contact@alti-fit.fr
www.alti-fit.fr

PORT-BARCARÈS
Golden beach golf
Av. de la Coudalère
04 68 86 16 56
www.portbarcares.com

Tahiti golf
7 bd de la Salanque
04 68 51 36 48

LES ANGLES
Lac de Matemale
06 51 71 52 44

MONTFERRER
Le village
04 68 39 12 44

PERPIGNAN
Mini-golf aventure
136 av. Victor Dalbiez
04 68 21 18 90

SAINT-CYPRIEN
Tropical golf
39 av. François Desnoyer
04 68 37 02 46
www.tropical-golf.com

Randonnée avec un âne

à partir de 4 ans

ILS VONT ADORER !

Les balades dans la nature sont toujours très agréables. Mais souvent trop courtes. Pour profiter au maximum de la montagne, de l'arrière-pays et des nombreuses vallées sauvages dans le département, vous pouvez prévoir de passer quelques jours en dehors du temps, en autonomie à dormir sous la tente, à être réveillé le matin par le chant des oiseaux et l'odeur de la rosée toute fraîche. Un autre monde. Alors pour aider les plus réservés à franchir le pas entre une simple promenade et une mini rando, il y a un petit « plus » avec de grandes oreilles et une bouille sympa qui pourrait bien vous décider. Plusieurs prestataires mettent à disposition des randonneurs des ânes qui auront comme mission de porter votre vos enfants et votre barda. Vous serez ainsi libéré du poids de votre tente, sacs de couchage, matériel de bivouac... Et puis cet âne, qui connaît le terrain mieux que quiconque, imprimera son rythme à la rando. Il sera aussi votre ambassadeur au moment où vous traverserez les villages ou quand vous croiserez d'autres randonneurs. L'animal est toujours l'occasion de faire connaissance avec l'autre, de parler, d'échanger. Votre expérience nature ne sera que calme et sérénité, dégustée à la vitesse de l'homme et son animal.

On peut aussi partir avec son âne pour une journée seulement. Les loueurs connaissent parfaitement les secteurs, ils vous renseigneront et vous guideront vers la rando autonome qui correspondra à votre condition physique, vos envies et celles de vos enfants. De nombreux choix sont possibles, mais avec toujours au rendez-vous le plaisir de communier avec la nature.

De mai à septembre

D'une 1/2 journée à plusieurs jours

À partir de 35 €/demi-journée
À partir de 50 €/jr
À partir de 45 €/jr pour plusieurs jours

Liste des professionnels spécialisés p.179

Les cinémas

à partir de 5 ans

On peut rattraper son retard sur les sorties ciné de l'année durant les vacances. Un moment de partage en famille avec des parfums de pop-corn et de fauteuils profonds dans une salle climatisée. Ça, c'est pour les cinémas classiques. Le département possède plusieurs multisalles avec bar, salle de jeux, crêperie, bowling parfois, méga parking toujours. Mais il y a aussi la possibilité de goûter aux plaisirs un peu surannés des salles de cinéma de certaines municipalités, bien que souvent les communes ont bien réhabilité des lieux qui fonctionnent toute l'année avec une programmation en phase avec les sorties nationales. Mais il y a aussi les séances estivales en plein air, régulièrement proposées par certains villages. Le plaisir de se laisser embarquer dans le dernier «blockbuster» ou le film d'animation dont tout le monde parle, oui, mais la tête dans les étoiles. Et ça, ce n'est pas commun.

ARGELÈS-SUR-MER
Vox
8 bd du Canigou
04 68 81 08 82

Cinéma Jean Jaurès
Rue Jean Jaurès
04 68 81 15 37

BANYULS-SUR-MER
Ciné Golf de la Côte Vermeille
51 av. Joliot Curie
04 68 88 34 41

PORT-LEUCATE
Clap Ciné
Rue Salvador Dali (sortie 15)
04 68 08 57 08

CABESTANY
Cinéma André Abet
Centre culturel
Av. du 19 mars 1962
04 68 66 36 07

ELNE
Cinéma R. Vautier
13 bd Voltaire espace Gavroche
04 68 37 34 30

FONT-ROMEU
Cinéma du casino
46 av. Emmanuel Brousse
04 68 30 01 11

LES ANGLES
Cinéma Le Castell
11 place du Castell
06 84 83 56 03

OSSEJA
Cinéma le Puigmal
1 place Saint-Pierre
04 68 04 93 00

PERPIGNAN
Cinéma Le Castillet
1 bd Wilson
08 92 68 01 29

Cinéma Mega Castillet
Route d'Argelès, z.a.c du mas Balande
08 92 68 75 35

PORT-VENDRES
Cinéma Le Vauban
Place Castellane
04 68 82 11 57

PRADES
Cinéma Le Lido
174 av. du Gal de Gaulle
04 68 05 38 00

RIVESALTES
Multiplexe mega CGR
Centre commercial Carrefour-Claira
08 92 68 85 88

SAINT-CYPRIEN
Cinéma plein air itinérant (été)
Grand stade les Capellans
04 68 81 15 37

Les paintball

à partir de 6 ans

Surtout destiné aux personnes avides de sensations fortes, le paintball plonge les amateurs de jeux guerriers dans des univers très variés (guerre mondiale, Viêtnam, western, débarquement) où le but est toujours le même, éliminer pour ne pas être éliminé. Les pratiquants sont munis d'équipements de protection et d'armes à billes de peinture qui permettent de visualiser si l'on a fait mouche sur sa cible. C'est en équipe que la pratique du paintball est la plus intéressante. À vous de choisir le monde dans lequel il va falloir faire votre loi. Variante du paintball qui est toujours en extérieur, le « laser game », qui est la déclinaison indoor du concept. Là pas de billes de peinture, mais des armes à laser qu'il faut pointer sur le plastron de son adversaire. Un compteur va additionner le nombre d'impacts et le gagnant sera celui qui aura fait mouche le plus de fois en étant bien entendu touché le moins possible. Les équipes évoluent dans une atmosphère de labyrinthes, de caches, d'escaliers et de portes dérobées, sorte de grande ville abandonnée après un cataclysme. Réveillez le Rambo qui est en vous.

SAILLAGOUSE
Paintball Cerdagne
Route de Llivia • 06 85 11 14 51
paintball.cerdagne@yahoo.fr
www.paint-ball-cerdagne.fr
Juillet, août : de 10h à 21h • hors période estivale : sur réservation • de 8 à 12 ans : 8 €/60billes • +12 ans : de 15 €/100 billes à 37 €/600 billes

TORREILLES
Paintball Factory
Bd de la Plage, chemin Las Routes
06 21 36 30 45 • www.paintballfactory.fr
contact@paintballfactory.fr
Juillet, août : de 8h à 21h
hors période estivale : sur réservation

FONT-ROMEU
Laser game outdoor
Route de l'ermitage, face au camping Huttopia
04 68 04 31 81 • 06 07 96 55 63
lasergameoutdoor66@gmail.com
Juillet, août uniquement • dès 6 ans

PERPIGNAN
Laser Game Evolution
136 av. Victor Dalbiez • 04 68 21 18 90
perpignan@lasergame-evolution.com
Dès 6 ans

PORT-LEUCATE
Starkh paintball
Av. du Roussillon • 07 60 29 85 80
starkhpaintball@gmail.com
Réservations sur :
starkh-paintball-perpignan.fr
D'avril à septembre : 7j/7 de 13h à 23h
hors-saison : sur réservation
de 15 €/50billes à 35 €/500 billes
10 € pour l'archery ball • dès 10 ans

Les baptêmes de l'air

à partir de 6 ans

Un séjour dans les Pyrénées-Orientales c'est l'occasion rare de quitter un temps le plancher des vaches. Vous avez déjà constaté (ou vous allez bientôt le faire) que les paysages ici sont des plus magnifiques. Alors vous allez pouvoir les contempler vu du ciel. Plusieurs prestataires proposent des baptêmes de l'air à bord de différents types d'engins volants.

Si vous êtes rassuré d'avoir un moteur et des techniques actuelles pour votre balade (radio, altimètre, variomètre, cockpit...), optez pour l'hélicoptère. Des rotations sont proposées au départ de Perpignan ou l'hiver depuis la base de La Llagonne en Cerdagne. Les vols de baptême durent en moyenne six minutes, mais ce sont des minutes pleines, pas de préparations interminables, pas de blablas, pas de briefing. On monte, on s'attache, on met son casque pour le bruit, et on décolle. Ça vibre, ça pulse, mais ça vous mène au-dessus des sites les plus remarquables du secteur en quelques coups de pales. On peut monter dans l'engin à 4 personnes. Une expérience inédite et inoubliable à partager en famille.

Dans la même famille des engins motorisés, l'ULM pendulaire peut vous envoyer en l'air. Depuis plusieurs années, ils ressemblent de plus en plus à de petits avions, mais ils restent tout de même

HÉLICOPTÈRE

Baptême adulte : 40 €/6 min
Baptême enfant : 35 €/6 min
(uniquement hors saison estivale)

Au départ de Perpignan : Lydia paquebot des sables : 100 €/pers (20 min)
Balcon du Canigou : 100 €/pers (20 min)
Côte Vermeille : 140 €/pers (30 min)
Châteaux cathares : 150 €/pers (35 min)
Vol VIP (4 personnes) : 560 € (30 min)

Au départ de La Llagonne (hiver) :
Les Bouillouses : 50 €/pers (10 min)

Le Cambre d'Aze : 50 €/pers (10 min)
Cerdagne ou Capcir : 100 €/pers (20 min)

LA LLAGONNE
Hélittoral • 06 20 80 21 42
helittoral@orange.fr • www.helittoral.fr

PARAMOTEUR

À partir de 80 €/20 min

MONTESCOT
Parapente évasion, 11 rue des Pinsons
06 70 48 49 27 • www.parapentevasion.fr
parapentevasion@hotmail.fr

PLANEUR

À partir de 70 €/15 à 30 min
(peser plus de 40 kg)

LA LLAGONNE
Altiport de la Quillane
06 34 76 64 92
jeanmarc.tessier@gmail.com
www.planeur-la-llagonne.com

une sorte de moto du ciel, avec les sensations les plus fortes notamment celle d'être suspendu sous une aile en toile.

L'Autogire, cette sorte d'hélicoptère, pourra aussi remplir la mission même avec un peu de tramontane ou marinade... Sans oublier l'ULM 3 axes qui n'est ni plus ni moins qu'un avion, petit certes, plus léger aussi, mais qui vous emmenera découvrir le massif du Canigou aussi bien, si pas mieux, que les avions classiques...

Plus calme et plus silencieux, le parapente. Là, les éléments sont maitres de la situation. Les conditions aérologiques peuvent modifier le programme prévu par le prestataire. Mais ceux-ci ont l'habitude et ont toujours des solutions de secours et des « plans b » pour sauver le vol si besoin. Le principe du parapente, pour ceux qui l'ignoreraient, est de prendre son envol d'un point haut avec une voile, une aile qui ressemblerait à un grand parachute allongé. Les vols se font bien entendu en tandem. Votre pilote tiendra la barre et vous, bien sanglé devant lui, les pieds dans le vide la tête dans le ciel, vous pourrez vous laisser enivrer par l'altitude, la beauté des paysages et le bruissement de l'air contre votre visage. La durée des vols peut varier suivant les conditions aérologiques. Les enfants à partir de 7 ans peuvent tenter avec le parapente l'expérience de leur jeune vie. Il existe une variante motorisée, c'est le paramoteur. Même type de voile, mais cette fois-ci elle avec une hélice. On peut décoller du sol et l'on revient au même endroit même si le vent en décide autrement.

Et puis il y a la reine de l'air, celle qui fait rêver des générations entières d'enfants d'Icare : la montgolfière. Ici, le vol débute bien avant le vol, et ne finira que dans vos rêves plusieurs jours après votre expérience. Vous serez invité à participer aux préparatifs, au petit matin, avec la mise en place et le gonflement de la majestueuse montgolfière.

PARAPENTE

À partir de 65 €/10 min

CÉRET
Benjamin Boutellier
06 26 83 38 35 • 07 69 29 61 05
www.parapente66.com
parapentevallespir@gmail.com

ÉGAT
Thibal Serge, 1 rue des Sorbiers
06 23 84 58 85

École de parapente Vol'Aime
5 rue de Las Devèse
04 68 30 10 10 • 06 89 69 57 89
www.volaime@volaime.com
volaime@volaime.com

FONT-ROMEU
Ozone3
38 & 47 av. Emmanuel Brousse
04 68 30 36 09 • www.ozone3.fr
contact@ozone3.fr

Aventure pyrénéenne
41 bis av. Emmanuel Brousse • 04 68 30 58 54
www.aventure-pyreneenne.com
aventure-pyreneenne@orange.fr

Puis, alors que le soleil commence à se lever (pour des raisons aérologiques, les vols ne se font que le matin), la masse d'air chaud fait son effet et la nacelle dans laquelle vous avez pris place prend de la hauteur... et vous aussi. La grandeur des paysages de la montagne encore baignée dans la rosée est là rien que pour vous. Durant environ une heure, vous serez dans un autre monde, dans une autre dimension, faite de silence, de beauté et de sérénité. De hasard aussi, car ici c'est le vent qui commande et qui décide de votre parcours. Faisons-lui entière confiance. Au moment où il vous faudra tout de même redescendre sur terre, votre aérostier vous offrira un posé tout en douceur. Et comme il est de coutume, vous partagerez alors avec tout le monde un petit déjeuner traditionnel, le temps de redescendre enfin réellement sur terre dans tous les sens du terme.

Dernier engin enfin qui donne la possibilité de voir les choses d'en haut, le planeur. Un compromis entre l'ULM et le parapente, mais en plus sophistiqué. Vous serez assis confortablement dans un habitacle fermé avec vue à 360 degrés, votre pilote juste derrière vous. Vous enchainerez, comme le font les rapaces les plus majestueux, de multiples lacets durant de longues minutes. Le tout dans un silence impressionnant. Vous avez alors le loisir d'embrasser du regard la magnificence de la montagne. (Réservé aux enfants de plus de 40 kg, soit 13 ou 14 ans minimum).

MONTGOLFIÈRE

3h30 dont 1h à 1h30 de vol
Adulte : à partir de 160 €
Enfant : à partir de 70 €

CERDAGNE - CAPCIR

Jordi Solibergibert
06 45 25 37 62
jordi.solergibert@gmail.com
www.cerdagnemontgolfiere.com

Ballooning Barcelona
(+34) 666 424 177 • (+34) 645 049 641
www.ballooning.es • info@ballooning.es

DAS-FONTANALS
(à 35 min de Font-Romeu en Espagne)

Aventure pyrénéenne
41 bis av. Emmanuel Brousse • 04 68 30 58 54
www.aventure-pyreneenne.com
aventure-pyreneenne@orange.fr

PENDULAIRE • AUTOGIRE • 3 AXES

À partir de 50 €/30 min

CORNEILLA-LA-RIVIÈRE

U.L.M Air Roussillon
3 rue tramontane
04 68 57 18 26 • 06 07 96 08 31
ulm-rr@wanadoo.fr
Pendulaire uniquement

ST-PAUL-DE-FENOUILLET

Agly club ULM, route de Galamus (CD7)
06 18 00 64 35 • 04 68 59 08 81
jeanpierretisseyre@free.fr
aglyclubulm.free.fr

SAINT-GÉNIS DES FONTAINES

Les Ailes des Albères
Chemin des vignerons
06 07 25 94 32
lesailesdesalberes@gmail.com

TORREILLES

ULM66, rue de Sainte-Marie
04 68 28 13 73 • asl@ulm66.fr
www.ulm66.fr
Autogire et 3 axes uniquement

Frissons

La spéléologie

à partir de 6 ans

Pour ceux qui sont à la recherche d'une activité hors des sentiers battus, alliant découverte et l'étude d'un monde peu connu avec un exercice physique et utilisant des techniques propres à la montagne, la spéléo est un choix qui s'impose. Le département a la chance de disposer de nombreux spots qui permettent des explorations avec différents niveaux de difficulté accessibles donc à un public assez large. Au cours de ces expéditions encadrées, vous allez évoluer en terrains variés, secs ou plus ou moins humides, avec parfois des hauteurs « de plafond » de quelques dizaines de mètres ou plutôt très bas. Vous allez escalader des parois verticales à l'aide d'échelles métalliques, en descendre d'autres en rappel, et vous devrez même parfois ramper dans un boyau étroit. Le tout bien sûr à la seule lueur de votre éclairage frontal. Quand on dit que la spéléo c'est la découverte d'un autre monde, d'un autre univers totalement coupé du temps et de la fureur des Hommes, on ne vous ment pas. Votre incursion dans les entrailles de la Terre va aussi vous permettre d'approcher la géologie, les cavités, les stalactites et les stalagmites, mais aussi la vie des animaux nocturnes.

Toute l'année

1/2 journée

À partir de 35 €

Le département regorge de nombreux réseaux spéléologiques dont certains qui sont particulièrement adaptés pour l'initiation des enfants. Dans le Fenouillède par exemple : la **grotte de l'Ermitage** (dès 6 ans • à partir de 35 €) ou la **grotte de la Marie-Jeanne** (dès 10 ans • à partir de 40 €).

Liste des professionnels spécialisés p.177

Les bowlings

à partir de 6 ans

Qu'est-ce qu'on fait ce soir ? Et si on se faisait une soirée bowling. Vous faisiez cela dans votre prime jeunesse, à vous maintenant de faire connaître à vos enfants la joie de renverser d'un coup d'un seul les quilles qui vous narguent au bout de la piste en bois qui se déroule devant vous. Évidemment les premières boules vont lamentablement s'échouer dans les rigoles de chaque côté de la piste, mais après plusieurs tentatives, c'est sûr les spares et les strikes feront éclater de joie vos coéquipiers. Les bowlings c'est aussi cette ambiance typique avec musique, lumières qui clignotent un peu partout et sodas bien frais servis à même la piste. Un vrai petit air d'Amérique à partager avec vos enfants.

Toute l'année

ARGELÈS-SUR-MER
Plaza Bowl, Espace Loisirs, imp Copernic
04 68 95 21 21 • www.plazabowl.fr
Avec laser game • 7j/7 de 14h à 00h (2h le ven. et le sam.)

BOLQUÈRE
L'Elan, 4 bis av. Serrat de l'Ours
04 68 30 04 05 • www.bowlinglelan.fr
Avec salle de jeux • 7j/7 de14h à 00h

CANET-EN-ROUSSILLON
QG13 Bowling Lasermaxx
13 av. Guy Drut Colline des Loisirs
04 68 50 19 85 • www.qg13-canet.fr
Avec mini-golf, fun laser (dès 3 ans), laser max de 800m² • fermé le lun.

LES ANGLES
Bowling Julad, l'Espace bleu neige
Av. de Mont-Louis • 04 68 30 98 63
www.lesangles.com

PERPIGNAN
Xtrême Bowling, ZAC Mas Balande
04 68 67 54 09 • www.xtremebowling.fr
Avec laser game, patinoire • du lun. au ven. de 14h30 à 00h • WE : 14h30 à 1h

RIVESALTES
Bowling du Cap, Mas garrigue Cap Roussillon
Avec laser game • 7j/7 de 13h à 00h (1h le jeu. et 2h le sam.)

REPONSES AUX DEVINETTES

1 - la rivière
2 - l'éponge
3 - la bûche
4 - la reine
5 - le feu
6 - une chaise
7 - le pain
8 - un mille-pattes avec une jambe de bois

Le VTT électrique

à partir de 8 ans (ou 1m30)

Le monde du vélo a connu, comme un tas d'autres domaines, des mutations diverses, qui à chaque fois ont induit des activités et des sports nouveaux. Le VTT par exemple a permis aux urbains de découvrir la nature et les contrées inaccessibles en empruntant les pistes les plus rocailleuses et les moins faciles à avaler. Récemment, on a inventé pour les amateurs d'un jour, pour les sportifs les moins aguerris, le VTT électrique. Ni une Mobylette, encore moins une moto, ce VTT reste un vélo tout terrain, auquel on y a simplement inclus une assistance qui va vous soulager dans les moments les plus difficiles. Et voilà comment tout le monde peut s'attaquer aux pistes et sentiers montagneux avec un effort modéré, mais qui doit quand même être présent. Le VTT ne pédalera pas à votre place, il va seulement vous pousser un peu pour préserver vos forces et développer votre endurance. Plus d'excuses pour refuser l'invitation de la nature. En Vallespir par exemple, on peut ainsi suivre l'ancienne voie SNCF qui reliait à l'époque les différents sites miniers. Une vingtaine de kilomètres à travers les paysages les plus intéressants du territoire, en passant par de nombreux ponts et tunnels du début du siècle. Mais d'autres circuits sont aussi à votre disposition. Le terrain de jeu est immense.

ARLES-SUR-TECH

Juillet, août, du lun. au sam. de 9h30 à 12h30 et de 15h à 19h

À partir de 23 €/demi-journée

Centre de pleine nature
Lieu dit La Baillie • 04 68 39 37 82
accueil@sudcanigo.com

LA LLAGONNE & OSSÉJA

De mai à octobre

Enfant (+1m30) : 25 €/demi-journée
Sortie encadrée : 40 €/demi-journée

Col de la Llose • 06 74 82 43 49
fred.maugery@wanadoo.fr
www.onaturel66.com

VERNET-LES-BAINS

Juillet, août : 7j/7 de 9h à 19h • juin, Sept. : de 9h à 19h (fermé le lundi)

Adulte : 35 €/jr
Enfant (+1m30) : 25 €/jr

8 av. des Thermes
07 82 01 70 07 • www.vtelec66.com

SOLUTION

DES PROFESSIONNELS À VOTRE SERVICE

Certaines activités ne peuvent s'appréhender seul si l'on n'est pas à même de faire face aux dangers et aux risques liés à l'escalade, au canyoning, à la spéléo ou à la plongée. D'autant plus si l'on embarque des enfants dans l'aventure. Celle-ci peut tout à fait se dérouler sans encombre, mais avec un pro qui sera à même de juger si l'enfant est prêt pour l'expédition. Le pro aura aussi les équipements adaptés et il connaît les sites, la météo, pourra aussi rassurer les plus craintifs, et adapter, si besoin, la sortie en fonction des capacités de chacun. N'hésitez pas à les contacter, ne partez pas bille en tête n'importe où n'importe comment.

Guides de rafting, d'hydrospeed et de canoraft

AMÉLIE-LES-BAINS-PALALDA
Adrénaline concept
chemin de la piscine
04 68 39 23 49 • 06 61 32 14 32
www.catalognedecouverte.com

AXAT
Roc aqua
04 68 20 53 97
rocaqua@hotmail.com
www.rocaqua.com

Pyrene rafting
camping du pont d'Aliès
04 68 20 52 76
pyrenerafting@wanadoo.fr
www.pyrenerafting.com

BOLQUÈRE
Bureau montagne nature
av. Serrat de l'Ours
04 68 30 40 31 • 06 16 23 38 01
www.aventurine-rando.com
aventurine.rando@gmail.com

Les Ramiers aventure
3 av. des Érables
04 68 30 37 48
les.ramiers@orange.fr
www.lesramiers.fr

CAUDIÈS-DE-FENOUILLÈDES
Spel et eaux
Castel-Fizel
06 13 12 03 29
contact@speleteaux.fr
www.speleteaux.fr

CÉRET
Inextremis aventura
1291 av. du Vallespir
06 29 56 40 36 • 09 80 85 05 65
info@inextremis-aventura.com
www.inextremis-aventura.com

ESPIRA-DE-CONFLENT
Aventure active
place Rectoria
06 19 36 16 47
aventure.active@gmail.com

FONT-ROMEU
Ozone 3
38 & 47 av. Emmanuel Brousse
04 68 30 36 09
www.ozone3.fr

Aventure pyrénéenne
41 bis av. Emmanuel Brousse
04 68 30 58 54
www.aventure-pyreneenne.com
aventure-pyreneenne@contact.fr

LES ANGLES
Aventurine rando
3 rue du Marché
04 68 30 40 31
www.aventurine-rando.com
aventurine.rando@gmail.com

MARQUIXANES
Extérieur nature
route d'Eus, base eaux vives
04 68 05 72 12
www.exterieur-nature.com
contact@exterieur-nature.com

SAINT-PAUL-DE-FENOUILLET
Oxygen aventure
rue de la Paychère
06 82 69 83 00 • 04 30 63 83 12
contact@oxygen-aventure.com
www.oxygen-aventure.com

Parachutisme ascensionnel

ARGELÈS-SUR-MER
Water fly
Quai Marco Polo
06 12 26 53 93
waterfly@orange.fr
www.waterfly66.com

PORT-BARCARÈS
Parachute ascensionnel 66
quai des chalutiers
06 63 12 52 15
watersport66@gmail.com

Guides de canyoning

AMÉLIES-LES-BAINS-PALALDA
Adrénaline concept
chemin de la piscine
04 68 39 23 49 • 06 61 32 14 32
www.catalognedecouverte.com

AXAT
Roc aqua
04 68 20 53 97
rocaqua@hotmail.com
www.rocaqua.com

Pyrene rafting
camping du pont d'Aliès
04 68 20 52 76
pyrenerafting@wanadoo.fr
www.pyrenerafting.com

BOLQUÈRE
Les Ramiers aventure
3 av. des Érables
04 68 30 37 48
les.ramiers@orange.fr
www.lesramiers.fr

Bureau montagne nature
av. Serrat de l'Ours
04 68 30 40 31 • 06 16 23 38 01
www.aventurine-rando.com
aventurine.rando@gmail.com

BOURG-MADAME
Cap cerdagne
13 rue du Torrent
04 68 04 55 12 • 06 89 90 40 41
d.enaud@yahoo.fr

CABESTANY
Marc Sanchez
35 av. Célestin Freinet
06 83 79 33 57
marc.naturecanyons@hotmail.com

CAUDIÈS-DE-FENOUILLÈDES
Zaventures
3 chemin des Hirondelles
04 68 53 63 19 • 06 75 71 03 80
zaventures@laposte.net
www.zaventures.fr

Canyoning Pyrenees-Orientales
route de Majas
06 83 20 24 16
canyoning.po@gmail.com
www.canyoning-pyrenees-orientales.com

Spel et eaux
Castel-Fizel
06 13 12 03 29
contact@speleteaux.fr
www.speleteaux.fr

CÉRET
Aquacanyon
21 rue Aristide Maillol
07 70 06 19 40
www.aquacanyon.fr
infos@aquacanyon.fr

Canyons des terres catalanes
366 route du Ventous
04 68 87 31 51 • 06 08 68 95 58
www.canyons-catalans.com
jeanguitard@wanadoo.fr

Inextremis aventura
1291 av. du Vallespir
06 29 56 40 36 • 09 80 85 05 65
info@inextremis-aventura.com
www.inextremis-aventura.com

ESPIRA-DE-CONFLENT
Aventure active
place Rectoria
06 19 36 16 47
aventure.active@gmail.com

EYNE
Stéphane Roucal
136 av. de Catalogne
06 81 89 89 91
stephaneroucal@hotmail.com

FONT-ROMEU
Ozone 3
38 & 47 av. Emmanuel Brousse
04 68 30 36 09
www.ozone3.fr

Aventure pyrénéenne
41 bis av. Emmanuel Brousse
04 68 30 58 54
www.aventure-pyreneenne.com
aventure-pyreneenne@contact.fr

ILLE-SUR-TÊT
Esprit canyon
20 rue Louis Boyer
06 52 04 49 04
www.esprit-canyon.fr

LA LLAGONNE
Guillaume Bernole
2 rue du Carcanet
04 34 52 91 38 • 06 47 22 07 45
www.guide-des-pyrenees-catalanes.com
contact@esprit-canyon.fr

LES ANGLES
Aventurine rando
3 rue du Marché
04 68 30 40 31
www.aventurine-rando.com
aventurine.rando@gmail.com

MARQUIXANES
Extérieur nature
route d'Eus, base eaux vives
04 68 05 72 12 • 06 15 88 50 95
www.exterieur-nature.com
contact@exterieur-nature.com

MAUREILLAS-LAS-ILLAS
Canyoning cote sud
route de Céret
04 68 04 60 84 • 06 85 78 48 65
www.canyoningcotesud.com
montagne.canyon.66@gmail.com

NOHÈDES
La découverte
maison de la montagne
04 68 05 31 23
www.la.decouverte.free.fr
bart.speleo@orange.fr

Entre terre et eau
le Village
04 34 52 91 12 • 06 12 82 81 20
entreterreeteau@yahoo.fr

PALAU-DE-CERDAGNE
Gerard Lacaze Buzy
4 impasse du Puigmal
04 68 04 69 96 • 06 66 79 22 45
lacazebuzy@hotmail.com

PERPIGNAN
Labygrimpe
31 rue de la Houle
09 81 31 98 21 • 06 15 27 40 15
labygrimpe@gmail.com

PRADES
Nicolas Rousson
06 83 20 24 16
www.canyonescalade.over-blog.com
canyonescalade@gmail.com
Bernard Guérin
11 chemin de Nougarols
06 83 85 62 77
bernardgueringhm@gmail.com
www.bernardgueringuide.fr

Cimes et eau
route du Canigou
06 37 78 18 18
contact@cimes-canyon.com

REYNES
Aloha aventure
la Forge de Reynes
04 68 39 43 12 • 06 07 84 72 27
www.aloha-aventure.com
thierry.grimaux@orange.fr

RIVESALTES
Pyrénées Roussillon aventures
63 rue Van Gogh
06 13 01 18 36
www.pyrenees-roussillon-aventures.fr
contact@pra66.com

SAINT-CYPRIEN
Canyoning Marc Damaggio
2 rue Camille Mauclair
04 68 21 32 34 • 06 37 09 06 40

SAINT-PAUL-DE-FENOUILLET
Oxygen aventure
rue de la Paychère
06 82 69 83 00 • 04 30 63 83 12
contact@oxygen-aventure.com
www.oxygen-aventure.com

SAUTO
Fabrice Oms
RN 116 Fetges
04 68 04 20 18 • 06 81 29 97 21
www.canyoning66.com
oms.fabrice@orange.fr

Norbert Aumasson
06 80 14 18 98 • 04 68 30 23 08
nosaumasson@hotmail.com
www.echos-pyrenees.com

TAUTAVEL
Sabléo
5 av. Gaston Vila
06 79 95 78 44
contact@sableo.com
www.sableo.com

THUIR
Mateu Bourrat
6 rue des Églantines
06 80 00 60 03 • 04 68 53 60 29
mateu.bourrat@wanadoo.fr

Canyoning expérience
1 av. Fauvelle • 06 89 04 58 92
david@canyoning-experience.com
www.canyoning-experience.com

TOULOUGES
Tendances du sud
5 carrer Manalt
04 68 55 06 23 • 06 81 62 87 41
www.tendancesdusud.com
pascal.canyon@wanadoo.fr

VILLEFRANCHE-DE-CONFLENT
Aventure grotte et canyon
24/26 rue St-Jean
04 68 05 51 98 • 06 83 31 50 91
aventure.grotteetcanyon@wanadoo.fr
www.aventuregrottecanyon.com

Exploration pyrénéenne
73 rue St-Jean, grotte des Canalettes
06 22 45 82 02
www.ex-pyr.com
jerome.durbet@gmail.com

VILLERACH
Canyon Canigou
8 rue du Llech
04 68 96 55 00 • 06 12 92 60 70
www.canyoncanigou.fr
rollot.marco@free.fr

Guides d'escalade

CAUDIÈS-DE-FENOUILLÈDES
Canyoning Pyrenees-Orientales
route de Majas

06 83 20 24 16
canyoning.po@gmail.com
www.canyoning-pyrenees-orientales.com

Spel et eaux
Castel-Fizel
06 13 12 03 29
contact@speleteaux.fr
www.speleteaux.fr

PRADES
Bernard Guérin
11 chemin de Nougarols
06 83 85 62 77
www.bernardgueringuide.fr
bernardgueringhm@gmail.com

SAINT-PAUL-DE-FENOUILLET
Oxygen aventure
rue de la Paychère
06 82 69 83 00 • 04 30 63 83 12
contact@oxygen-aventure.com
www.oxygen-aventure.com

Didier Salles
av. Jean Moulin
04 68 61 36 12
contact-viaferrata@si2p.info

TAUTAVEL
Sabléo
5 av. Gaston Vila
06 79 95 78 44
contact@sableo.com
www.sableo.com

VILLEFRANCHE-DE-CONFLENT
Aventure grotte et canyon
24/26 rue St-Jean
04 68 05 51 98 • 06 83 31 50 91
aventure.grotteetcanyon@wanadoo.fr
www.aventuregrottecanyon.com

VILLERACH
Canyon Canigou
8 rue du Llech
04 68 96 55 00 • 06 12 92 60 70
www.canyoncanigou.fr
rollot.marco@free.fr

VINGRAU
Bruno Colla
5 rue Millère
04 68 29 19 31 • 06 74 45 84 90
bruno.colla@wanadoo.fr

Location de kayak de mer

ARGELÈS-SUR-MER
Club de plage Emeraude
plage nord, poste secours N° 0
06 09 20 62 24
www.club-emeraude.net
clubemeraude@hotmail.com

Watersport aventure
100 m au nord du port
06 81 29 58 14
www.watersportaventure.com
contact@watersportaventure.com

Central windsurf
plage des pins
07 50 60 57 61
www.centralwindsurf.com
infos@centralwindsurf.com

Blue Béar
camping la Sirène
04 68 95 77 68 • 06 20 25 49 97
www.blue-bear.org

BANYULS-SUR-MER
Kayak mer aléoutes
11 quai G Petit
04 68 88 34 25 • 04 68 05 58 31
www.kayakmer.net
kayakmer.jc@gmail.com

CERBÈRE
Vermeille kayak
plage de Peyrefite
06 87 20 77 44
www.vermeillekayakdemer.com
vermeillekayak@yahoo.fr

CÉRET
Inextremis aventura
1291 av. du Vallespir
06 29 56 40 36 • 09 80 85 05 65
info@inextremis-aventura.com
www.inextremis-aventura.com

PORT-VENDRES
Blue Béar
baie de Paulilles
04 68 95 77 68 • 06 20 25 49 97
www.blue-bear.org
chastang.jerome@wanadoo.fr

SAINTE-MARIE-LA-MER
Le spot
parking face à l'aire des Festivités
06 72 43 40 35

Location de paddle

ARGELÈS-SUR-MER
Club de plage Emeraude
plage nord, poste secours N° 0
06 09 20 62 24
www.club-emeraude.net
clubemeraude@hotmail.com

Watersport aventure
100 m au nord du port
06 81 29 58 14
www.watersportaventure.com
contact@watersportaventure.com

Central windsurf
plage des pins
07 50 60 57 61
www.centralwindsurf.com
infos@centralwindsurf.com

CANET-EN-ROUSSILLON
Les Voiles blanches
plage du Grand Large
04 68 64 58 87 • 06 89 56 57 55
lesvoilesblanchescanet@gmail.com

CERBÈRE
Vermeille kayak
plage de Peyrefite
06 87 20 77 44
www.vermeillekayakdemer.com
vermeillekayak@yahoo.fr

PORT-BARCARÈS
Surf one Barcarès
av. des Dosses (sortie 15)
04 68 28 43 95
contact@surfone.fr
www.surfone-barcares.com

PORT-VENDRES
Paddling paradise
Anse de Paulilles, plage Bernardi
07 82 52 52 11 • 06 11 03 47 20
www.paddlingparadise.fr
naps@sfr.fr

SAINTE-MARIE-LA-MER
Le spot
parking face à l'aire des festivités
06 72 43 40 35

SAINT-CYPRIEN
Kitoo école de kite surf
75 bd François Desnoyer
06 86 71 50 82
contact@kitoo.com
www.kitoo.com

Kitesurf

SAINT-CYPRIEN
CBCM école de kite surf
06 14 64 11 52
www.cbcmboarderclub.org

Kitoo école de kite surf
75 bd Françoise Desnoyer

06 86 71 50 82
contact@kitoo.com
www.kitoo.com

PORT-BARCARÈS
Surf one Barcarès
av. des Dosses (sortie 15)
04 68 28 43 95
contact@surfone.fr
www.surfone-barcares.com

ARGELÈS-SUR-MER
Central windsurf
plage des pins
07 50 60 57 61
www.centralwindsurf.com
infos@centralwindsurf.com

Planche à voile

ARGELÈS-SUR-MER
Club de plage Emeraude
plage nord, poste secours N° 0
06 09 20 62 24
www.club-emeraude.net
clubemeraude@hotmail.com

Watersport aventure
100 m au nord du port
06 81 29 58 14
www.watersportaventure.com
contact@watersportaventure.com

Central windsurf
plage des pins
07 50 60 57 61
www.centralwindsurf.com
infos@centralwindsurf.com

BANYULS-SUR-MER
Yacht club Banyuls
2 bis av. du Fontaulé
04 68 88 04 04 • 06 95 68 14 84
romain@ycbanyuls.fr
www.ycbanyuls.fr

PORT-BARCARÈS
Surf one Barcarès
av. des Dosses (sortie 15)
04 68 28 43 95
contact@surfone.fr
www.surfone-barcares.com

SAINTE-MARIE-LA-MER
Le spot
parking face à l'aire des Festivités
06 72 43 40 35

SAINT-CYPRIEN
École de voile de Hawaï Surfing
plan d'eau du golf de St-Cyprien
04 68 21 08 34 • 06 70 27 75 96
www.plandeaudugolf.fr

Watersport aventure
100 m au nord du port
06 81 29 58 14
www.watersportaventure.com
contact@watersportaventure.com

Guides de spéléologie

CAUDIÈS-DE-FENOUILLÈDES
Spel et eaux
Castel-Fizel
06 13 12 03 29
contact@speleteaux.fr
www.speleteaux.fr

CÉRET
Inextremis aventura
1291 av. du Vallespir
06 29 56 40 36 • 09 80 85 05 65
info@inextremis-aventura.com
www.inextremis-aventura.com

FONT-ROMEU
Ozone 3
38 & 47 av. Emmanuel Brousse
04 68 30 36 09
www.ozone3.fr

Aventure pyrénéenne
41 bis av. Emmanuel Brousse
04 68 30 58 54
www.aventure-pyreneenne.com
aventure-pyreneenne@orange.fr

FONTRABIOUSE
Fabrice Fillols
3 rue Las Closes
06 85 02 23 84
f.fillols@free.fr

NOHÈDES
La Découverte
maison de la montagne
04 68 05 31 23 • 06 20 16 65 65
bart.speleo@orange.fr
www.la.decouverte.free.fr

Entre Terre et Eau
le Village
04 34 52 91 12 • 06 12 82 81 20
entreterreeteau@yahoo.fr

SAINTE-MARIE-LA-MER
Elsa Noël
42 rue des Trouvères
06 77 61 16 72
elsa.oxygenaventure@gmail.com

ST-PAUL-DE-FENOUILLET
Oxygen aventure
rue de la Paychère
06 82 69 83 00 • 04 30 63 83 12
contact@oxygen-aventure.com
www.oxygen-aventure.com

Didier Salles
av. Jean Moulin
04 68 61 36 12
contact-viaferrata@si2p.info

ST-FELIU-D'AVALL
Christophe Levillain
35 av. des Hortes
04 68 57 92 40 • 06 17 04 05 26
contact@lemondesouterrain.com
www.lemondesouterrain.com

VILLEFRANCHE-DE-CONFLENT
Aventure grotte et canyon
24-26 rue St-Jean
04 68 05 51 98 • 06 88 97 36 62
aventure.grotteetcanyon@wanadoo.fr
www.aventuregrottecanyon.com

Exploration pyrénéenne
73 rue St-Jean, grotte des Canalettes
06 22 45 82 02
www.ex-pyr.com
jerome.durbet@gmail.com

PRADES
Le monde souterrain
04 68 57 92 40 • 06 17 04 05 26

SAUTO
Norbert Aumasson
06 80 14 18 98 • 04 68 30 23 08
nosaumasson@hotmail.com
www.echos-pyrenees.com

Excursion en bateau

CATALOGNE TRANSPORTS MARITIMES
Les billetteries :
www.ctm-croisieres.com
ctmcroisieres@yahoo.fr

Les billetteries :
- Port-Barcarès : 06 24 59 73 72
- Canet-en-Roussillon :
06 08 58 94 41
- Saint-Cyprien :
06 20 98 39 15

COMPAGNIE MARITIME ROUSSILLON CROISIÈRES
04 34 12 62 57 • 06 34 48 04 98
roussillon-croisieres@sfr.fr
www.roussillon-croisieres.com

Les billetteries :

• Canet-en-Roussillon :
06 08 58 94 41
Située place de la Méditerranée. Le quai d'embarquement est situé sur le port, à côté de la station d'avitaillement.

• Saint-Cyprien : 06 20 98 39 15
Située sur le port, quai Rimbaud, face au ponton C.

• Argelès-sur-Mer : 06 34 48 04 98
Situé sur le quai Marco Polo.

• Collioure : 06 10 73 51 77
La vente des billets est réalisée à bord des bateaux.

• Port-Vendres : 06 34 31 40 62
Située sur le port, quai Jean Moulin rue Pierre Forgas.

ARGELÈS-SUR-MER
Central windsurf
plage des pins
07 50 60 57 61
www.centralwindsurf.com
infos@centralwindsurf.com

CANET-EN-ROUSSILLON
Navivoile
parking Bastia (sur le Port)
06 10 57 17 11 • 06 23 20 69 76
contact@navivoile.com
www.navivoile.com

SAINT-CYPRIEN
Lodos catamaran
90 les Marines des Capellans
06 60 07 11 72
catalodos@orange.fr
www.lodos.fr

Plongée sous-marine

ARGELÈS-SUR-MER
Neptune plongée 66
rue des matelots
06 83 89 96 90
neptuneplongee@wanadoo.fr
www.neptuneplongee.com

Archipel plongée
8 rés. les Villégiales
04 68 95 71 03 • 06 25 59 35 77
info@archipelplongee.com
www.archipelplongee.com

Antares sub plongée
quai Marco Polo
les Villégiales du Môle
04 68 81 46 30 • 06 78 48 76 30
sylvain@antares-sub.com
www.antares-sub.com

Aquatile plongée
2 pl. Magellan, rés.Atalaya
06 16 51 31 06
contact@aquatile.fr
http://aquatile.fr

La Sirène plongée
camping la Sirène, route de Taxo
04 68 81 60 58 • 06 14 96 38 66
lasireneplongee@aol.com
www.lasireneplongee.com

BANYULS-SUR-MER
Aqua blue plongée
5 quai Georges Petit, quai E
04 68 88 17 35 • 06 87 25 70 17
contacts@aquablue-plongee.com
www.aquablue-plongee.com

Rederis plongée
espace Méditerranée
04 68 88 17 35 • 06 87 25 70 17
contact@rederis.com
www.rederis.com
Plongée sous glace :
06 14 45 26 30

CERBÈRE
Cap Cerbère
route d'Espagne
04 68 88 41 00 • 06 75 82 67 62
www.capcerbere.com
capcerbere@gmail.com
Plongée sous glace :
06 11 58 52 28

Aloès plongée
Cap Peyrefite
06 33 33 18 44
aloesplongee@live.fr
http://www.aloesplongee.fr

COLLIOURE
CIP Collioure
15 rue de la tour d'Auvergne
04 68 82 07 16
julien@cip-collioure.com
www.cip-collioure.com

PORT-BARCARÈS
Centre de plongée le Poulpe
23 rue Alain Colas
04 68 80 91 19 • 06 09 69 74 38
le-poulpe@wanadoo.fr
www.le-poulpe.com

Argelès plongée
Quai Marco Polo
06 78 48 76 30
contact@argeles-plongee.com

PORT-VENDRES
Scuba passion plongée
plage les Tamarins, rte de la jetée
plage de Bernardi à Paulilles
04 68 82 17 79 • 06 07 56 03 73
scuba.passion@libertysurf.fr
http://scuba.passion.free.fr

Sport pulsion plongée
7 quai de la République
http://plongeepulsion.free.fr

Centre d'activité plongée
4 rue Jules Ferry
04 34 12 09 27 • 06 29 14 62 96
06 78 71 99 51
contact@plongee66.com
www.plongee66.com

SAINT-CYPRIEN
Lagune plongée
quai Arthur Rimbaud
04 34 10 52 95 • 06 13 78 86 11
info@laguneplongee.com
www.laguneplongee.com

Aquaplanet
quai Jules Verne, accès Pont-Tournant
04 68 21 13 26 • 06 85 10 68 18
tbouthors@free.fr

Accompagnateurs et guides de montagne

AMÉLIE-LES-BAINS
Adrénaline concept
chemin de la piscine
04 68 39 23 49 • 06 61 32 14 32
www.catalognedecouverte.com

ANGOUSTRINE-VILLENEUVE-DES-ESCALDES
Éveil et rando
3 carrer de les Poujoles
06 12 15 68 37
www.eveil-rando.fr
jordimach@eveil-rando.fr

ARGELÈS-SUR-MER
Rando évasion
av. de la Torre d'en Sorra Le Racou
06 83 30 19 25
www.accompagnateur-montagne-pyrenees.com
danjouf@aol.com

La ferme du bonheur
route Notre Dame de Vie
04 68 95 74 54 • 06 03 07 56 78

AYGUATEBIA-TALAU
Edwige Petit
mas de Trape
04 68 05 22 18
http://randoed.com
randoed@gmail.com

BOLQUÈRE
Bureau montagne nature
av. Serrat de l'Ours
04 68 30 40 31 • 06 16 23 38 01
www.aventurine-rando.com
aventurine.rando@gmail.com

BOURG-MADAME
Cap cerdagne
13 rue du Torrent
04 68 04 55 12 • 06 89 90 40 41
d.enaud@yahoo.fr

CABESTANY
Laurent Zecchetti
21 av. du Dauphiné
06 89 27 97 23

CORNEILLA-DE-CONFLENT
Vincent Lecoq
7 route de Fillols
06 82 04 17 81
www.passcanigo.com
pass.canigo@gmail.com

CÉRET
Canyons des terres catalanes
366 route du Ventous
04 68 87 31 51 • 06 08 68 95 58
www.canyons-catalans.com
info@canyons-catalans.com

CANET-EN-ROUSSILLON
Aventure active
7 bd Cassanyes
06 19 36 16 47
aventure.active@gmail.com

CASTEIL
Montagne vibration
rue des chênes
04 68 05 61 04 • 06 18 58 19 24
http://montagnevibration.jimdo.com
montagne.vibration@orange.fr

Inextremis Aventura
1291 av. du Vallespir
06 29 56 40 36 • 09 80 85 05 65
info@inextremis-aventura.com
www.inextremis-aventura.com

ENVEITG
Bernard Dreuilhe
31 rue Train Jaune
04 68 04 01 27 • 06 84 98 64 52
vivrelamontagne@hotmail.fr

ÉGAT
Stéphane Michel
4 rue du Col del Bès
04 68 30 05 05 • 06 82 69 31 52

Philippe Gleizes
2 carrer de la Torre
04 68 30 21 33 • 06 15 08 84 18
www.florimunt.fr
philamm@orange.fr

ESPIRA-DE-CONFLENT
Aventure active
place Rectoria
06 19 36 16 47
www.aventure.active@gmail.com
www.aventure-active.net

EYNE
Stéphane Roucal
136 av. de Catalogne
06 81 89 89 91
stephaneroucal@hotmail.com

Hugues Maggia
3 rue des Genévriers
04 68 04 87 80 • 06 72 01 76 52

FONT-ROMEU
Ozone 3
38 & 47 av. Emmanuel Brousse
04 68 30 36 09 • www.ozone3.fr

Aventure pyrénéenne
41 bis av. Emmanuel Brousse
04 68 30 58 54
www.aventure-pyreneenne.com
aventure-pyreneenne@orange.fr

Itinéraire d'altitude
06 08 83 29 67 • 04 68 04 33 30
www.itinerairedaltitude.fr
itinerairedaltitude@hotmail.fr

L'Echappée belle
06 15 79 93 29 • 04 68 04 72 29
thomas.lapeyre0660@orange.fr

Maison de la rando
5 rue Maillol
09 52 51 53 51
contact@maisondelarando.com
www.maisondelarando.com

FORMIGUERES
Jean-Pierre Kerivel
15 cami dels Clots
09 54 70 57 25 • 06 51 23 84 14
kerivel@free.fr

LA CABANASSE
Marc Bely
3 rue des Narcisses
04 68 04 19 84 • 06 14 31 79 72
aventurine-rando@orange.fr

Alain Zimmermann
11 av. Ingénieur Lax
06 82 22 65 25
alain.z@libertysurf.fr

LA LLAGONNE
Laurent Angel
rue St-Vincent
06 07 77 05 12

Guillaume Bernole
2 rue du Carcanet
04 34 52 91 38 • 06 22 40 81 61
www.guide-des-pyrenees-cata-
lanes.com
bernoleg@gmail.com

Yves Regne
carrer de la Quillane
04 68 04 17 98 • 06 11 99 30 50
www.chevauxdelatramontane.com
yregne@wanadoo.fr

Onaturel 66
2 rue de la vieille école
06 74 82 43 49
fred.maugery@orange.fr
onaturel66.com

LES ANGLES
Bureau montagne des Angles
2 av. de l'Aude
06 87 08 06 75
www.julien-boher.fr

Aventurine rando
3 rue du Marché
04 68 30 40 31
www.aventurine-rando.com
aventurine.rando@gmail.com

MOSSET
Altipyr
Moli d'oli
06 83 47 52 04
www.altipyr.com
altipyr@gmail.com

MONT-LOUIS
Annie Maidon
3 rue du Marché
04 68 30 40 31 • 06 16 23 38 01
www.aventurine-rando.com
aventurine.rando@gmail.com

NOHÈDES
La découverte
maison de la Montagne
04 68 05 31 23
www.la.decouverte.free.fr

OSSEJA
Rando équilibre 66
06 87 58 29 71
randoequilibre66@gmail.com
www.randoequilibre66.com

PALAU-DE-CERDAGNE
Gerard Lacaze Buzy
4 impasse du Puigmal
04 68 04 69 96 • 06 66 79 22 45
lacazebusy@hotmail.com

PALAU-DEL-VIDRE
Eric Delfour
2 impasse des douches
06 20 69 11 46
edelfour@hotmail.fr

PORT-VENDRES
Frédéric Pouchain
5 rue Bellevue
06 84 56 02 34
frpouchain@laposte.net

POLLESTRES
Pascal Kistela
16 impasse des Vergers
06 76 25 09 02
pascalkistela@yahoo.fr

PRADES
Randonades 100% Pyrénées
30 allée Arago
04 68 96 16 03
www.randonades.com
randonades@wanadoo.fr

Eveil sauvage
23 rue de Mahou
06 95 45 13 84
www.eveilsauvage.com
stephane.forel75@gmail.com

Bernard Guérin
11 chemin de Nougarols
06 83 85 62 77
www.bernardgueringuide.fr
bernardgueringhm@gmail.com

PRATS-DE-MOLLO-LA-PRESTE
Randonnée en réserves naturelles
28 rue du Faubourg
04 68 39 70 83 • 04 68 39 74 49

Trekking Canigo
4 place le Foiral
06 32 15 87 17
www.trekkingcanigo.com

PUYVALADOR
Claudine Chaboureau &
Bruno Magdinier
village de Rieutort
04 68 04 41 22
vagabondane@free.fr
www.vagabondane.com

PY
Fabrice Covato
centre Les Isards
04 68 96 29 37 • 06 09 97 50 38

REYNES
Aloha aventure
la Forge de Reynes
04 68 39 43 12 • 06 07 84 72 27
www.aloha-aventure.com
thierry.grimaux@orange.fr

Les sentiers de Pyrene
6 allée des Pyrénées
06 03 92 03 36
www.sentiersdepyrene.com
sentiersdepyrene@gmail.com

RIA-SIRACH
Antoine Glory
04 68 96 46 41

Entre terre et eau
le Village
04 34 52 91 12 • 06 12 82 81 20
contacts@entreterreeteau.com

RIVESALTES
Pyrénées Roussillon aventures
63 rue Van Gogh
06 13 01 18 36
www.pyrenees-roussillon-aventures.fr
contacts@pra66.com

SAUTO
Guilhem Manzano
carrer de Dalt ancienne école
09 67 24 96 27 • 06 12 51 88 66
www.aventurine-rando.com
aventurine.rando@gmail.com

Norbert Aumasson
06 80 14 18 98 • 04 68 30 23 08
nosaumasson@hotmail.com
www.echos-pyrenees.com

SAINT-ANDRE
Bruno Auladell
21 rue Midi Soleil
06 84 38 56 05
bruno.sla@orange.fr

SAINT-CYPRIEN
Canyoning Marc Damaggio
2 rue Camille Mauclair
04 68 21 32 34 • 06 37 09 06 40

SAILLAGOUSE
Transpyr 66
06 11 87 85 12
www.transpyr66.com
contact@transpyr66.com

Olivier Erre
27 lot St-Jean
06 82 38 93 12
crapahuteur.pyreneen@laposte.net

TAURINYA
Altitude 66
6 carrer de l'oratori
06 12 38 39 96
antoinefenech@altitude66.com
www.altitude66.com/accompa-gnateur-montagne

TAUTAVEL
Sabléo
5 av. Gaston Vila
06 79 95 78 44
contact@sableo.com
www.sableo.com

THUIR
Mateu Bourrat
6 rue des Églantine
06 80 00 60 03 • 04 68 53 60 29
mateu.bourrat@wanadoo.fr

Michel Assaillit
04 68 05 97 59 • 06 33 57 12 01
himalco@gmail.com

VILLERACH
Canyon Canigou
8 rue du Llech
04 68 96 55 00 • 06 12 92 60 70
www.canyoncanigou.fr
rollot.marco@free.fr

Location d'âne

BAILLESTAVY
Caravanigou
hameau de la Coume
06 02 29 35 54
www.caravanigou.fr
caravanigou@laposte.net
Accès au Canigou

BOLQUÈRE
Equid'ânes
chalet du Ticou
06 67 55 61 69
equidanes66@gmail.com

CASTEIL
Montagne vibration
rue des chênes
04 68 05 61 04 • 06 18 58 19 24

http://montagnevibration.jimdo.com
montagne.vibration@orange.fr
Accès au Canigou

MOSSET
Les ânes du Moli d'Oli
06 83 47 52 04
www.altipyr.com
altipyr@gmail.com
Accès au Canigou

Les Calèches du soleil
06 03 97 84 95
www.calechedusoleil.fr
fjords@calechedusoleil.fr
Accès au Canigou

PRUGNANES
Boulz'ânes
6 rue de la rive
04 68 59 27 05 • 07 50 99 21 12
boulz-anes@orange.fr
www.boulz-anes.com

PUYVALADOR
Vagabond'âne
village de Rieutort
04 68 04 41 22
vagabondane@free.fr
www.vagabondane.com

TORDÈRES
La ferme aux ânes
chemin de Thuir
06 10 70 85 99
www.ferme-ane66.com
alain.melich@outlook.fr

TORREILLES
La ferme aux grandes oreilles
chemin du mas Riu
06 11 37 61 29
jean.cabassot@gmail.com
www.lafermeauxgrandesoreilles.fr

Activités équestres

AMÉLIE LES BAINS
Forest Hores
chemin de la Piscine
04 68 39 23 49
www.mountainpony.fr
trekkingdecouvertes@gmail.com

Ecurie Jalabert
can Malcion
04 68 83 94 03 • 06 82 88 44 35
centreequestreamelie@orange.fr

ARGELÈS-SUR-MER
Dunes de Shebab
chemin du Pas de las Baques
06 22 37 43 80
shamsedin66@gmail.com

BANYULS-SUR-MER
Les chevaux de la coume Pascole
3 impasse des Orangers
06 88 37 70 03
http://lacoumepascole.free.fr

BOLQUÈRE
Mountain pony
06 15 45 09 60
www.mountainpony.fr
marion@mountainpony.fr

CAUDIÈS-DE-FENOUILLÈDES
Equifun
Castel Fizel
04 68 63 37 18 • 06 08 92 03 36
www.equifun.net
contact@equifun.net

CORNEILLA-LA-RIVIERE
Equitet rando
lieu-dit Los Paouados
06 22 34 22 42
www.equitet-rando.com
nath66700@gmail.com

ELNE
Poney club catalan
domaine des Mousseillous
04 68 22 58 90 • 06 81 10 14 27
hippiqueroussillon@wanadoo.fr

Domaine des deux tours
rue Josep Sébastia Pons
04 68 89 71 05 • 06 16 76 38 67
domaine-des-tours@orange.fr

FONT-ROMEU
Centre équestre
2 av. Pierre de Coubertin
04 68 30 34 43
contact@centre-equestre-font-romeu.com

LATOUR DE CAROL
Cavall nature
06 10 67 80 96
www.cavall-nature.com
contact@ cavall-nature.com

LA LLAGONNE
Les chevaux de la tramontane
carrer de la Quillane
04 68 04 17 98
www.chevauxdelatramontane.com
tramontane1@wanadoo.fr

LE BOULOU
Les écuries du mas Llinas
chemin du mas Llinas
06 13 75 52 87
www.ecuries-masllinas.com

LES ANGLES
Equisud
route de la forêt
06 47 96 04 42
www.equisud.com
equisud@equisud.com

LLUPIA
Le Carrousel
Traverse Ponteilla
04 68 53 67 93 • 06 86 57 75 90
corinne.dessauw@wanadoo.fr

MATEMALE
Cheval'rando
6 route du Col de Creu
06 82 68 43 58
chevalrando@gmail.com

MAUREILLAS-LAS-ILLAS
Poney club la cabriole
Mas Bellevue
04 68 88 26 76 • 06 24 47 11 36
celine.betsch.guisset@orange.fr

MONTESQUIEU-DES-ALBERES
Can de Loste
2 chemin can de Loste
04 68 95 01 82 • 06 99 40 23 88
www.elevagecoteriedenfreixe.com
sebastienjustafre@gmail.com

MOSSET
Altipyr
06 83 47 52 04
altipyr@gmail.com

OPOUL-PÉRILLOS
Domaine des Escoumettes
place de l'olivier
09 50 03 64 36 • 06 85 52 44 48
www.les-escoumettes.com
jeremieguyot@wanadoo.fr

PALAU-DEL-VIDRE
Rando et chariot
chemin d'Ortaffa
06 15 41 38 14
www.randoetchariot.com
renerubio@wanadoo.fr

Las Closes
06 29 69 52 01

PALAU-DE-CERDAGNE
Les écuries de la Vanera
av. Pouligou
06 37 75 39 54
a.geneau@hotmail.com

PERPIGNAN
Ecurie St-Jacques
1129 chem des jardins St-Jacques
06 14 69 71 49
www.ecuries-saint-jacques.com
ecuriesstjacques66@neuf.fr

Mas Bresson
chemin du mas Bresson
06 80 66 40 79
centreequestre.pmb@free.fr

PÉZILLA-LA-RIVIÈRE
Les amis des poneys
ferme des Colombiers
06 85 67 50 67 • 06 82 45 98 10
patrick.morales@orange.fr

POLLESTRES
Club hippique St-Georges
av. de Canohès
04 68 21 67 38 • 06 63 98 22 22
harasdefompeyre@yahoo.fr

PONTEILLA
Double six farm
Lou Jassal
04 68 53 78 67
www.doublesixfarm.com
doublesixfarm@wanadoo.fr

PORTA
Equi libre
La Pastorale
06 89 29 51 88
www.equi-libre.fr
info@equi-libre.fr

PORTE-PUYMORENS
Ferme d'en Garcie
rue du Ruisseau
06 10 76 79 87 • 04 68 04 95 44
www.pyren-equus.com
nathaliekomaroff@orange.fr

PORT-BARCARÈS
La Colonie
route de St-Laurent
06 12 47 06 77
celacolonie@hotmail.com

PRADES
Les écuries de Saint-Jaume
av. Guy Malé
06 79 86 39 98
www.lesecuriessantjaume.fr
amiel.seb@gmail.com

RIVESALTES
Complexe équestre Balzanes
3 av. Pierre Jonquères d'Oriola
04 68 64 30 70
ecole.equitation.rivesaltes@alice.fr

SAINT-LAURENT DE CERDANS
La Bouadelle
Mas La bouadelle
04 68 39 52 49
maslabouadelle@orange.fr

Les Chevaux des cimes du buac
Le buac
04 68 39 80 46
www.leschevauxdescimes.com
josseverheyen@gmail.com

Trotte ou rêve
Hameaux de la Forge del Mitg
04 68 87 33 97 • 06 14 56 41 49

SAINTE-MARIE-LA-MER
Écurie d'Eden
route de Torreilles
06 86 59 17 63
ecuriededen@wanadoo.fr

SAINT-ESTEVE
Le mas Cot
09 75 87 21 69 • 06 30 71 32 89
www.centre-equestre-mas-cot.fr
equitationsaintesteve@gmail.com

SAILLAGOUSE
Cerdagne équitation
hameau de Rô
06 03 56 37 26
idaballester@gmail.com
www.cerdagne-equitation.com

SOURNIA
Equit' Sournia
1 le Moulin
06 11 88 25 80
escobarfrancois.equitsournia@sfr.fr

TARGASONNE
Cheval loisirs promenades
88 route du mas Vilalte,
lieu dit la Llangane
06 08 68 62 61 • 06 37 68 69 39
kimmensa@live.fr

TAURINYA
Les sabots del Passatge
06 23 94 37 38 • 04 68 96 78 65

TAUTAVEL
Ranch de las Caneilles
04 68 29 03 41 • 06 71 10 21 51
www.ecole-equitation-western.com
nick.v@orange.fr

TROUILLAS
Equi-loisirs 66
traverse de Terrats La Font Rouge
06 75 66 48 50 • 06 23 24 50 71
www.equi-loisir-66.com
contact@equi-loisirs66.com

TORREILLES
La ferme aux grandes oreilles
chemin du mas Riu
06 11 37 61 29
jean.cabassot@gmail.com
www.lafermeauxgrandesoreilles.fr

TRESSERRE
Les écuries de Catalogne
lieu-dit Las Brugos
06 14 03 77 97
www.lesecuriesdecatalogne.fr

URR
Les crins d'or
rue du haras
06 83 24 02 61
www.lescrinsdor.com
virginie.bourdes@gmail.com

VILLENEUVE-DE-LA-RAHO
Val Marie
route de Montescot
04 68 55 86 24
www.centre-equestre-val-marie.fr
contact@equifan.net

VILLENEUVE-LA-RIVIERE
Ecuries Guy Nierga
chemin Pont Fouste
04 68 92 43 78 • 06 08 34 97 38
06 61 05 64 26
www.ecurieguynierga.com
guy.nierga@wanadoo.fr

Bouées tractées

ARGELÈS-SUR-MER
Water fly
quai Marco Polo
06 12 26 59 93
waterfly@orange.fr
www.waterfly66.com

PORT-BARCARÈS
Wake soixante six
bassin des Dindilles (sortie 15)
quartier Parc des Dosses
07 78 21 28 71
contact.wake66@gmail.com

PORT-BARCARÈS
Barcajets
quai Alain Gerbault, port de Plaisance
07 82 23 79 66
www.bouees-tractees-le-barcares.com

Watersport
06 63 12 52 15
watersport66@gmail.com
www.boueestractees.com

Cobra watercraft 66
18 quai Alain Colas (sortie 11)
06 34 36 19 72
www.jetskibarcares.com
jetskibarcares@gmail.com

SAINT-CYPRIEN
St Cyp jet évasion
port de St Cyprien derrière l'office de tourisme
06 73 18 23 80
www.stcypjetevasion.fr
stcypjetevasion@wanadoo.fr

INDEX PAR ACTIVITÉS

NATURE

DIVERTISSEMENT

INDEX PAR ACTIVITÉS

SPORT

INDEX PAR ACTIVITÉS

DÉCOUVERTE

PATRIMOINE

INDEX PAR ÂGES

DÈS SES PREMIÈRES SEMAINES

À PARTIR DE 6 MOIS

À PARTIR DE 2 ANS

À PARTIR DE 3 ANS

À PARTIR DE 4 ANS

À PARTIR DE 5 ANS

À PARTIR DE 6 ANS

À PARTIR DE 7 ANS

À PARTIR DE 8 ANS

À PARTIR DE 10 ANS

À PARTIR DE 11 ANS

À PARTIR DE 12 ANS

À PARTIR DE 14 ANS

INDEX PAR COMMUNES

A

B

C - D

E

F

I - L

M - N

RÉPONSES

DÉCOUVERTE
NATURE
DIVERTISSEMENT
CANAPÉ
SPORT
PATRIMOINE
ON SORT !!!

BIEN PRONONCER LES NOMS DES VILLES ET VILLAGES DU DÉPARTEMENT

BAIXAS

EUS

CATLLAR

MARQUIXANES

ENVEIGT

AYGUATÉBIA

Comme chez les Basques, les Bretons ou les Alsaciens, en pays catalan la prononciation des communes est particulière pour certaines d'entre elles. Et la logique pas toujours de mise. Un moyen peut-être de repérer les locaux des visiteurs. Voici un petit guide linguistique non exhaustif.

Llupia : ne dites pas «L-Lupia» mais tous simplement «lupia».

Mais c'est différent pour **Llo** : «yo», **Llauro** : «yoro», **La Llagonne** : «la yagonne».

Baixas : ne dites pas «Bèxas» mais «Bachas». Le X se prononce «ch» (pareil pour **Caixas, Marquixanes**).

Catllar : dites «caïa».

Eus : ne dites pas «eus» ou «eu» mais «éous».

Ayguatébia : se prononce «aïguatébia».

Molitg-les-Bains : dites «molitch»-les-Bains.

Sirach : ne dites pas «sirach» mais «sirak» (idem pour **Trévillach**, **Néfiach**, **Tarerach**, **Arles-sur-Tech**).

Enveitg : dites «envetch».

On ne prononce pas le S dans **Fourques, Toulouges, Port-Vendres, Saleilles, Torreilles, Rivesaltes, Nohèdes, Prades, Formiguères, Dorres, Pollestres, Les Angles...**

Mais on le prononce pour : **Terrats, Trouillas, Le Barcarès, Prats-de-Sournia, Vives, Camélas, Millas, Rodès, Canohès, Fillols, Los Masos, Bompas...**

Banyuls-sur-Mer : Prononcez «ba-nyouls-sur-mer»

Peyrestortes : «peïrestorte»

Baillestavy : dites « baïestavi»

Prugnanes : dites «pruniane»

Prats-de-Mollo-la-Preste : «prats-de-moyo-la-preste»

Prononcer le T dans : **Mantet, Taillet, Mosset, Ille-sur-Têt** , mais ne le prononcez pas dans **Céret** et **Canet.**

LES EXCEPTIONS

Le Soler : «le solé»
Montner : «monnaie»
Nyer : «niain»
Saint-Féliu-d'Avall : «davail»
le Tech : «le teck»
Reynes : «rèïnes»

Nous contacter

Vous avez constaté des changements, découvert une nouvelle activité qui pourrait apparaitre dans la prochaine édition ? Envoyez-nous un mail.

editionsdelafleche@gmail.com

Remerciements

Les auteurs remercient tous ceux qui ont participé de près ou de loin à la réalisation de cet ouvrage ainsi que les photographes qui nous ont autorisé à utiliser certaines de leurs images.

Crédits photo

Toutes les illustrations de ce guide sont des auteurs sauf :

p.20 : Marc Noetinger ; p.23 : La Cave rouge ; p.31 : Cyril Sintes/Navivoile ; p.32 : Martine Mirabel ; p.33 : Luna park ; p.40 : Sylvie Lemort/UDSIS ; p.41 : Nathalie Dumoulin ; p.42 : Mathieu Gemble/Parc Frenzy ; p.44, 120 : Dropp-in ; p.47 : Didier Fioramonti ; p.49, 148 : Yvan Chocoloff ; p.50 : Christophe Blanc/Cercle de voile ; p.58 : Train Rouge ; p.60 : Puilaurens ; p.61 : Hervé Boissat ; p.62 : Peyreperthuse ; p.69 : Dainat Denis-EPCC-CERP ; p.77, 105, 163, 166 : Céline Dupont ; p.79 : B. Malassingne/Sud Canigó ; p.80 : Forest aventure ; p.83 : TSJ Wakepark ; p.86 : fort Lagarde ; p.87 : BIT de Laroque-des-Albères ; p.93 : Kap'oupa kap ; p.96 : Juliette Cases ; p.100 : Clarisse Baret/Aquagliss66 ; p.101 : fort Libéria ; p.102 : Le musée de la Mine ; p.104 : Danielle Estivill ; p.115 : France Riester ; p.117 : Alti fit ; p.121 : grotte de Fontrabiouse ; p.123 : Julien Boher ; p.128, 143, 146, 171 : Frédéric Maugery; p.125: TV Cat ; p.126 : Christophe Bonhomme ; p.131 : SARL Cerdanya aventure ; p.134 : Norbert Aumasson ; p.135 : Via Ferrata de Llo ; p.136 : Mic Photo ; p.137, 140 : Ozone 3 ; p.141 : Mountain pony ; p.144 : QBX Quadbike ; p.145 : Laetitia Ibarz/Devalkart ; p.146 : Agence PDM ; p.165 : Alexandre Chailleux ; p.147 : Ludovic Larcher ; p.94, 116, 128, 156, 160, 161, 162, 164, 170 : DR